HÉROES 3D

¡CÓMO VIVIR TU VIDA AL MÁXIMO!

PAOLO LACOTA

Editorial Vida

SÓLO PARA JÓVENES QUE QUIEREN MARCAR LA HISTORIA

La misión de Editorial Vida es ser la compañía líder en comunicación cristiana que satisfaga las necesidades de las personas, con recursos cuyo contenido glorifique a Jesucristo y promueva principios bíblicos.

HÉROES EN 3D
Edición en español publicada por
Editorial Vida -2010
Miami, Florida

Edición: *Mariángeles Duo*
Diseño de interior: *CREATOR studio.net*
Diseño de cubierta: *CREATOR studio.net*
Fotografía: *Constantin Jurcut, Asif Akbar, Martin Boulanger, Mark Normand*

ISBN: 9 78-0-8297-0631-4
CATEGORÍA: Juvenil no ficción / Ayudas para el estudio

Impreso en los Estados Unidos de América
Printed in the United States of America

10 11 12 13 ❖ 7 6 5 4 3 2 1

CONTENIDO

RECONOCIMIENTOS

A las tres mujeres de mi vida, mi esposa Karen y mis dos princesas Giannina y Mía Paulina Lacota. Karen, gracias por estos 12 años de aventura juntos, gracias por tu apoyo incondicional y por luchar por los sueños que Dios nos dio. Nunca imaginé que sería tan increíble nuestra vida juntos, te amo.

A Lucas y Valeria Leys. Lucas, gracias por tu amistad y por impactar mi vida, eres un ejemplo de sencillez e integridad y un modelo a seguir para todos... Sabes que soy uno de tus fans y que encabezo la lista de quienes ¡¡¡te conocen y admiran!!!

A mi amigo Junior Zapata, ya que no solo eres una de las personas a quienes más quiero y admiro, sino también alguien de quien aprendí muchísimo... Gracias Junior...

A Oscar y Paola Lacota. Oscarín mi hermano mayor, definitivamente uno de mis héroes en la vida. Gracias por estar siempre ahí, por el apoyo incondicional a través de los años... gracias por creer en lo que Dios puso en nosotros como nadie y emocionarte con los logros que vamos alcanzando.

A mi preciosa familia que siempre ha estado a mi lado, a mi hermano Ludwing Van Lacota (Bubi) y a mi mamá, los amo un montón.

A mis amigos Orlando y Sandrita Gudiel; a los licenciados Francisco García e Ivanita de García, de Guatemala; a Ricardo Díaz, de Chile; a Eliezer Ronda, Gustavo Salazar, y Alberto Zarza, gracias por los años de amistad; y a los muchachos de la banda Xtremo.

A mis Pastores Emilio y Bethania Abreu, gracias por su cariño, apoyo y oraciones.

Al equipo de Especialidades Juveniles Paraguay, por ser los primeros en creer en lo que Dios está haciendo en el liderazgo juvenil de nuestro país, y por supuesto a todos los jóvenes que nos dan el privilegio de ser sus líderes.

A ti, Jesús, gracias por tu amor, por tu misericordia y por amarme tanto, gracias por estar a mi lado siempre, por enseñarme a caminar de tu mano y darme el privilegio de servirte... Gracias por tanto; eres el máximo Héroe de mi vida.

Es mi oración que este libro pueda ser usado como aquellos cinco panes y dos peces que en un gesto de ingenua genialidad aquel niño llevó hasta Jesús, entregó en sus manos y fue de bendición y provisión para muchos.

PAOLO LACOTA

PRÓLOGO

Cada generación necesita héroes y esta no es la excepción. ¿De dónde vendrán los próximos héroes que cambiarán el curso de la historia de sus ciudades y países? Vendrán de todos lados porque no es de dónde vienen lo que define a los héroes sino hacia dónde se dirigen. Por eso me entusiasma este libro. Creo que definitivamente tiene el potencial de ser una bomba de tiempo esperando explotar en la mente y el corazón de aquellos jóvenes que estén decididos a trastornar su mundo, como se decía de los discípulos de Jesús de la iglesia primitiva. En sus páginas hay secretos y tesoros que seguramente te ayudarán a crecer y a disfrutar tu vida mientras experimentas el propósito para el que Dios te formó. Es nuestro mismo Dios el que está llamando héroes para la nueva generación porque sabe la importancia de los líderes y de aquellos que se elevan por encima del nivel de la mediocridad para ser paladines de su tiempo.

Pero también me entusiasma este libro por su autor. Paolo Lacota es uno de esos jóvenes que no se conforman con poco. Su santa ambición le ha llevado a hacer cosas que nunca nadie hizo en su país antes que él. Con su esposa forman un equipo peligroso y yo creo que el enemigo de nuestras almas tiembla cuando Paolo y Karen se embarcan en algún nuevo proyecto. Con destacada habilidad Paolo ha pastoreado y ha sido mentor para muchísimos jóvenes que han notado el efecto de su influencia y por ella han alcanzado sueños y tomado mejores decisiones. Ha avanzado en terrenos antes no explorados y sigue adelante con la meta clara de formar líderes y héroes entre la nueva generación y por eso para mí es un honor hacer el prólogo de este libro.

Te recomiendo leerlo con cuidado. Mastícalo bien para entender cada idea. Aplica cada principio y te aseguro que sentirás el impacto de Dios moviéndose en tu mente y corazón para llevarte a una nueva dimensión en tu experiencia cristiana. La hora de nuevos héroes ha llegado y este libro abrirá un nuevo capítulo para la vida de muchos que respondiendo al llamado de Dios marcarán una gran diferencia en su generación.

LUCAS LEYS
Autor y conferencista internacional

EL GÉNESIS DE LOS HÉROES

CAPÍTULO I

LOS VERDADEROS HÉROES SE ASOMAN AL DESCUBRIR SU PROPÓSITO EN LA VIDA, Y AL AVANZAR TENAZMENTE HACIA ÉL, HASTA CUMPLIRLO.

EL GRAN HALLAZGO

Jack Morrison, bombero de vocación, lucha arduamente por abrirse camino entre llamaradas de fuego y explosiones dentro de un gran almacén. Su objetivo es rescatar a un ciudadano atrapado por el intenso fuego. Ingresa al almacén y en el empeño de seguir avanzando para salvar a la víctima, un derrumbe lo sorprende dejándolo atrapado entre escombros y metales de las estructuras caídas.Desde afuera, el capitán Mike Kennedy (mentor, amigo y jefe de bomberos de Jack) hace todo lo posible por rescatarlo con vida.

En la escena encontramos camiones cisterna de la unidad de bomberos, luces, sirenas, helicópteros, llamas gigantes y columnas de humo enormes subiendo del gran almacén. Dentro de aquel edificio ardiente, Jack Morrison se encuentra inmóvil en el suelo, atorado por los escombros y pedazos de edificación que hace instantes cayeron sobre él. En ese momento empieza a recordar y a visualizar en su mente escenas pasadas de su vida. Entre ellas, el día en que conoció al Capitán Kennedy, sus inicios y el descubrimiento de su pasión, profesión y vocación: ser un rescatista y salvar vidas, enfrentando todo tipo de peligros, obstáculos y dificultades, poniendo en riesgo su propia vida a favor de personas que ni siquiera conoce, hasta el trágico momento en el cual se halla atrapado.

Cada recuerdo denota la desinteresada motivación de cumplir con su deber. De esas historias vividas asoman pensamientos que hacen suponer que cumpliendo y desarrollando su vocación fue que Jack encontró a sus más cercanas amistades, conoció al amor de su vida, experimentó la realización de sus sueños y entendió que las verdaderas recompensas a su labor son los rescates logrados a lo largo de su carrera.

Mientras Jack se encuentra caído, aguardando ahora su propio rescate, afuera de aquel edificio sus amigos y compañeros de vocación trabajan arduamente por salvarlo de una tragedia de la cual parece imposible salir con vida. Quizá hasta aquí no se había dado cuenta, pero Jack se había convertido en un auténtico héroe al descubrir y cumplir el propósito para el cual había nacido.

Dos grandes interrogantes surgen de aquel filme titulado «Brigada 49»:

¿Qué lleva a un hombre a entrar a un edificio en llamas cuando todo el resto corre hacia fuera? ¿Por qué los bomberos dejan a sus familias todas las mañanas para arriesgar su vida por extraños?

La palabra clave que responde a ambos interrogantes es: «Propósito». Lo hacen porque es el motivo de sus vidas. Lo hacen porque lo llevan dentro, porque es la razón de su existencia, y aunque tienen la posibilidad de estar haciendo cualquier otra cosa, saben que no sería lo mismo.

La valentía, la audacia, el coraje y la lealtad afloraron en ellos desde el día en que descubrieron que esa es su vocación y su propósito.

Al igual que la vida de Jack Morrison, *la historia está escrita por miles de héroes anónimos que han dejado un aporte positivo a la humanidad, marcando la diferencia en la vida de alguien más.* Estos héroes, como Félix Ortiz los describe, son personas que por sus acciones y cualidades morales afectan a su generación a través de su carácter, logros, servicio y entrega.

Al indagar y reflexionar sobre nuestro propósito en la vida, recuerdo las palabras de Henry Ford, pionero de la industria automotriz, quien dijo: **«Todo el secreto** **LA PALABRA CLAVE QUE RESPONDE A AMBOS INTERROGANTES ES: <<PROPÓSITO>>.** **de una vida exitosa es descubrir qué estamos destinados a hacer, y luego hacerlo».**

EL DÍA <<D>>

Pareciera ser un día común y corriente, como cualquier otro, hasta que el silencio es interrumpido por golpes de puertas, gente corriendo y gritando por todos lados, bullicio y órdenes ruidosas de soldados que suenan en las calles y los alrededores. En segundos la calma y la tranquilidad de aquella ciudad se convierten en una guerra campal. El ejército babilónico sitia Jerusalén.

Luego de un tiempo de batalla, logran vencer la resistencia y toman la ciudad. Poco después se observa una fila de jóvenes rehenes que salen para ser llevados como prisioneros de guerra hasta hasta Babilonia. *Nabucodonosor, líder supremo del imperio babilónico, era temido en todo el mundo. Cuando llegaba a un país, la caída del mismo era inminente. Después de la victoria, los babilonios solían llevarse a la gente más valiosa a su tierra, dejando a los pobres detrás para que tomaran cualquier lugar donde quisiesen vivir pacíficamente. Este sistema fomentó gran lealtad por parte de las tierras conquistadas y aseguraba un suministro de gente sabia y talentosa para el servicio civil de Babilonia.*

Detente por un momento en este punto, y lee en tu Biblia los primeros siete versículos de capítulo uno del libro de *Daniel*. Ahí se relata la orden que el rey Nabucodonosor da al jefe de los oficiales de su corte. *Éste debía llevar a su presencia a algunos de los israelitas pertenecientes a la familia real y a la nobleza. Debían ser jóvenes apuestos y sin ningún defecto físico, con aptitudes para aprender de todo y que actuaran con sensatez; jóvenes sabios y aptos para el servicio en su palacio real.*

Entre esos jóvenes rehenes sabios y talentosos, que fueron deportados a Babilonia y que luego servirían en el palacio real, encontrarás a Daniel y sus tres amigos. Casi sin pensarlo y de un instante a otro, Daniel, Ananías, Misael y Azarías estaban viviendo un momento clave en su adolescencia, el cual marcaría y cambiaría el rumbo de sus vidas para siempre.

En cuestión de minutos estaban siendo llevados lejos de su tierra, sus familias, sus amigos, su escuela, sus maestros y todo aquello que tanto amaban. Estaban dejando atrás lugares, personas y un bagaje de buenos recuerdos de la niñez y adolescencia que habían disfrutado allí. Inesperadamente y sin explicaciones se iba perdiendo todo. Eran trasladados hacia Babilonia, ignorando aún que en esos momentos los planes y sueños de juventud se estaban escapando de sus manos para siempre.

Esta no era una situación aislada y de poca importancia. Se trataba de un acontecimiento con el potencial de dejar severas repercusiones en la vida de aquellos jóvenes, que veían cómo su futuro se desvanecía al ser bruscamente arrancados de sus raíces.

Ten en cuenta que más allá del dolor de alejarse de sus seres queridos y de su país, esta circunstancia podía distorsionar y dañar fuertemente la identidad de ellos, ya que, entre otras cosas, tuvieron que aprender a vivir en una cultura que no honraba a Dios y a la vez

mantenerse firmes en su postura de lealtad hacia él.

Los primeros versículos del libro de Daniel, narran que apenas los jóvenes cautivos llegaron a Babilonia, fueron examinados en profundidad en su apariencia, conocimientos y dones, para luego acceder al programa de entrenamiento que los haría parte del equipo consejero del rey. Fueron obligados a estudiar otras asignaturas, entre las cuales, además de matemáticas, astronomía e historia, el programa académico babilónico incluía porciones de alquimia y magia.

Entonces, viendo que tenían un gran potencial para ingresar al palacio del rey, sus nombres fueron cambiados. En la cultura judía los nombres eran muy importantes y significativos, pues esto fortalecía su identidad.

Nabucodonosor les cambió el nombre porque quería hacerlos babilonios ante sus ojos y ante los ojos del pueblo. Los nuevos nombres les ayudarían a integrarse a la nueva cultura. En Daniel 1:6-7 encontramos que el jefe de oficiales les cambió el nombre. A Daniel, cuyo nombre significa en hebreo «Dios es mi juez», lo llamó Beltsasar, cuyo significado es «Aquel a quien Bel favorece». Bel era un dios babilónico. A Ananías lo llamó Sadrac; a Misael, Mesac; y a Azarías, Abednego. Este fue un intento del rey por cambiar la lealtad religiosa de estos jóvenes del Dios de Judá a los dioses de Babilonia.

Ante toda la situación que les tocó vivir, la pregunta ineludible es: ¿Cómo sobrevivieron estos prisioneros de guerra a una cultura nueva, contraria y ajena a sus principios?

Pese a todo lo que Daniel y sus amigos tuvieron que enfrentar, pudieron vivir según los preceptos de Dios en medio de una cultura que no lo honraba. *Eran jóvenes valientes, audaces y determinados; capaces de enfrentar al status quo antes que traicionar a su Dios. Confiaron en su Señor, no buscaron explicaciones suyas para la situación, sino que se anclaron en su fe y esperaron en él.* Así, desarrollaron su potencial y alcanzaron el propósito de Dios para sus vidas, aun en contra de todos los pronósticos.

MANTENER SU FE Y SU CARÁCTER INALTERABLES EN BABILONIA DEMANDO UN SÓLIDO FUNDAMENTO DE LOS PRINCIPIOS DE DIOS EN SUS VIDAS.

Mantener su fe y su carácter inalterables en Babilonia demandó un sólido fundamento de los principios de Dios en sus vidas. Claramente estos cuatro jóvenes lo tenían, y eso se evidenció cuando enfrentaron situaciones que ponían en riesgo su compromiso con Dios.

Al igual que ellos también te enfrentarás con circunstancias que desafiarán tu fe, por eso, es vital que descubras lo que la *Palabra de Dios* te propone, y verás cómo afirmará tu identidad, guiará tus decisiones y determinará tu propósito. Para que cuando tu fe sea probada, escojas desafiar al sistema de este mundo y mantenerte firme, antes que honrar y adorar a otro dios que no sea el tuyo, aun cuando tu vida o intereses estén en riesgo.

Únete a aquellos héroes que han aportado al mejoramiento de la humanidad, que han dejado un legado, que han descubierto su propósito y que han luchado tenazmente por desarrollar al máximo su potencial para alcanzarlo, sin temor a asumir los riesgos y desafíos que forman parte de la increíble aventura de seguir a Jesús.

Te propongo a continuación que me acompañes a examinar algunas historias e ilustraciones que fueron de gran inspiración para mi vida y que deseo también lo sean para ti. Algunos son casos de la vida real, de personas que en medio de adversidades, falta de recursos y oposición, superaron barreras, vencieron la tentación de desistir y de quedarse a mitad de camino. Personas que sacaron fuerzas de las flaquezas, se enfrentaron a la necesidad, lucharon contra la mediocridad, plasmaron sus sueños y alcanzaron su propósito.

Prepárate para descubrir tu propósito, desarrollar al máximo tu potencial y convertirte en un Héroe en 3D.

DEFINIDOS

CAPÍTULO II

LANCEN ANCLAS

En medio de todos los intentos de los babilonios de reprogramar las mentes de estos muchachos, las Escrituras nos dejan saber, en el versículo ocho del capítulo uno, que Daniel propuso en su corazón no contaminarse con la comida ni con la bebida que el mismo rey les había ordenado tomar. Sin embargo, y aun sabiendo que su vida corría peligro de muerte por desacatar una orden directa del rey, se mantuvo firme en su decisión, aferrándose a Dios. Cuando él determinó permanecer fiel a los principios lo hizo pensando en hacer siempre lo correcto y no ceder a la presión del medio. ¡¡Era ese momento o nunca!!

Pero, ¿qué tan malo podía ser comer de la comida y la bebida del rey? Al contrario, ¡¡imagínate lo que ha de ser un banquete real!! ¡¡Solo de pensarlo se me hace agua la boca!! Evidentemente, Daniel vio algo más. Interpretó que las intenciones del rey eran que ellos se desligaran de su fe, por lo que no estuvo dispuesto a ceder, puesto que en caso de que la vida de alguien corriera peligro las leyes ceremoniales podían dejarse de lado. Entonces, desafiando al guardia que el jefe de oficiales había asignado para que lo atendiera a él y a sus amigos, Daniel le pidió que por diez días lo alimentara sólo con verduras y con agua. La razón se debía a que en aquella época la religión afectaba toda la vida de una persona, y los actos de comer y beber tenían un significado ritual y místico. La carne de la co-

mida del rey se sacrificaba siguiendo un ritual pagano y era ofrecida a un dios, y los judíos tenían prohibido comer carne en esas condiciones; lo mismo ocurría con el vino. O sea que estos alimentos no seguían los procedimientos establecidos por Dios para su pueblo en el libro de Levítico, donde les indicaba cómo debía ser la preparación de los mismos. El guardia accedió y al cabo de ese tiempo los versículos 15 y 16 narran que se veían más sanos y mejor alimentados que cualquiera de los que comían la comida del rey. Por lo tanto, el guardia dispuso que siguieran ingiriendo los alimentos que ellos habían elegido.

Las circunstancias que tuvieron que enfrentar Daniel y sus amigos eran potencialmente dañinas para su identidad y para sus pretensiones de superación. Aunque el lugar donde estaba Daniel no honraba a Dios, él seguía firme obedeciéndolo. Al leer que Daniel «se propuso en su corazón», podemos suponer una actitud de fidelidad y de determinación. Daniel definió su postura con respecto a acontecimientos que ocurrirían más adelante, y a circunstancias a las que se vería expuesto. Y es en este punto de la historia de la vida de Daniel que se nos demuestra que con anticipación él definió quién era, delineó su norte, y asumió una postura que luego no sería negociable.

EL NÚCLEO DE NUESTRAS VIDAS

Así como el enemigo lo intentó con Daniel también lo intentará contigo, pues él es consciente de que una identidad saludable te acercará a tu propósito divino, y de que una distorsionada te conducirá a un destino de incertidumbre y desilusión; por eso está empeñado en deformar y distorsionar en tu mente todo lo que Dios cree y espera de ti. Para conseguirlo utilizará circunstancias e incluso personas que consciente o inconscientemente podrían perjudicarte.

En Lucas 3:23-38 se registra lo siguiente:

LAS CIRCUNSTANCIAS QUE TUVIERON QUE ENFRENTAR DANIEL Y SUS AMIGOS ERAN POTENCIALMENTE DAÑINAS PARA SU IDENTIDAD Y PARA SUS PRETENSIONES DE SUPERACIÓN.

23 Jesús tenía unos treinta años cuando comenzó su ministerio. Era hijo, según se creía, de José, hijo de Elí,24 hijo de Matat, hijo de Leví, hijo de Melquí, hijo de Janay, hijo de José,25 hijo de Matatías, hijo de Amós, hijo de Nahúm, hijo de Eslí, hijo de Nagay,26 hijo de Máat, hijo de Matatías, hijo de Semeí, hijo de Josec, hijo de Judá,27 hijo de Yojanán, hijo de Resa, hijo de Zorobabel, hijo de Salatiel, hijo de Neri,28 hijo de Melquí, hijo de Adí, hijo de Cosán, hijo de Elmadán, hijo de Er,29 hijo de

Josué, hijo de Eliezer, hijo de Jorín, hijo de Matat, hijo de Leví,30 hijo de Simeón, hijo de Judá, hijo de José, hijo de Jonán, hijo de Eliaquín,31 hijo de Melea, hijo de Mainán, hijo de Matata, hijo de Natán, hijo de David,32 hijo de Isaí, hijo de Obed, hijo de Booz, hijo de Salmón,[a] hijo de Naasón,33 hijo de Aminadab, hijo de Aram,[b] hijo de Jezrón, hijo de Fares, hijo de Judá,34 hijo de Jacob, hijo de Isaac, hijo de Abraham, hijo de Téraj, hijo de Najor,35 hijo de Serug, hijo de Ragau, hijo de Péleg, hijo de Éber, hijo de Selaj,36 hijo de Cainán, hijo de Arfaxad, hijo de Sem, hijo de Noé, hijo de Lamec,37 hijo de Matusalén, hijo de Enoc, hijo de Jared, hijo de Malalel, hijo de Cainán,38 hijo de Enós, hijo de Set, hijo de Adán, hijo de Dios.

En este punto, recordemos que la identidad es el conjunto de características que nos diferencian de los demás, que nos hacen únicos con relación a otros; es conocer quiénes somos, lo que otros opinan de nosotros y el valor que poseemos. Su desarrollo tiene que ver con las respuestas a las siguientes preguntas: ¿Quién eres? ¿De dónde vienes? ¿Hacia dónde vas? Y con una connotación aun más interesante que apunta también a qué quieres ser. Tiene que ver con tu pasado, tu presente y tu futuro; y si bien es cierto que no puedes modificar tu pasado, sí puedes hacerlo con tu situación actual, lo que en consecuencia directa afectará lo que pretendes alcanzar más adelante.

Nuestro ADN, la cultura, nuestros ancestros

y nuestro entorno contribuyen al desarrollo nuestra identidad. De ahí la importancia de conocer el origen de tu existencia, tu posición como hijo de Dios, y el valor que tienes para él, de tal manera que sean como un ancla que te mantenga firme en medio de tempestuosas tormentas que traerá la vida.

En algún momento al leer estos versículos te habrás preguntado qué tiene de importante una lista de nombres o para qué Dios los dejaría registrados en La Biblia, y quizás hasta te hayas aburrido leyéndolos. La razón es que Dios quería dejar registrado que nuestro origen es él. Entonces, de acuerdo a estos versículos tú y yo poseemos el ADN de Dios. Génesis 1:26 menciona que fuimos creados por él a su imagen y semejanza. ¡¡¡Somos hijos de Dios!!!

LA INFLUENCIA FAMILIAR

La familia nos motiva, nos impulsa, nos desafía, nos da sentido de pertenencia y protección. Sin embargo, en ocasiones puede limitar nuestro crecimiento en determinadas áreas. Definitivamente, la familia influye en nuestro comportamiento, en nuestros valores y pensamientos. Dicho de otra forma, tiene el potencial para construir vidas como también para destruirlas.

En cierta ocasión tuve la oportunidad de conversar con un joven que había crecido en un ambiente familiar muy hostil. Su padre constantemente lo comparaba con su hermana. Esta siempre obtenía buenas calificaciones en sus estudios y, además, en todo lo que hacía era muy dedicada; pero él era todo lo contrario. Sin embargo, poseía una gran habilidad para la música y el diseño gráfico. Este joven constantemente escuchaba palabras hirientes como: «*Eres un burro; no lograrás llegar lejos en la vida; eres una decepción*», entre otras cosas. Su padre siempre le hablaba dde lo que él hubiera deseado que su hijo fuera, pero por supuesto el joven era todo lo contrario. Este hombre no se había detenido a mirar las habilidades que su hijo poseía, que lo hacían único y especial. Como te imaginarás, luego de tanto oír lo mismo, ¡¡este joven se lo creyó!! Tenía la autoestima destrozada y sus sueños enterrados. Lo bueno es que con ayuda logró cambiar lo que creía de sí mismo.

Pero, ¿cuántos jóvenes transitarán por la vida dañados por palabras y acciones que han recibido del entorno que se supone debe ser el más seguro para cualquier persona? En Salmos 57:4 se compara la lengua de algunos hombres con una espada afilada; señalando que sus palabras son tan duras que penetran como si fueran eso, una espada, causando dolor y heridas profundas.

Muchas personas crecen pensando que no tienen un propósito definido en su vida. No encuentran aquello especial que los hace únicos, que les permite definir de manera correcta quiénes son y lo que podrían llegar a ser. Sienten un gran peso de frustración y desaprobación sobre ellos, claro que esto es muy comprensible puesto que nuestros padres son en extremo importantes para nuestro desarrollo integral. De hecho, nuestro entorno es un factor muy relevante en la formación del concepto que tengamos de nosotros mismos.

David fue un joven que también tuvo que lidiar con palabras ofensivas dichas por uno de sus hermanos, Eliab, el mayor de ellos. Si abres tu biblia en 1 Samuel 17:28 encontrarás que este lo acusa de soberbio y mal intencionado, cuando en realidad la intención de David había sido ayudar a contrarrestar la fuerza opresora que Goliat ejercía sobre el ejército de su pueblo. Como verás,

PERO, ¿CUÁNTOS JÓVENES TRANSITABAN POR LA VIDA DAÑADOS POR PALABRAS Y ACCIONES QUE HAN RECIBIDO DEL ENTORNO QUE SE SUPONE DEBE SER EL MÁS SEGURO PARA CUALQUIER PERSONA?

al igual que tú probablemente en muchas ocasiones, personas a las que Dios usó de manera extraordinaria, dotándolos de inteligencia, liderazgo y gracia, también

fueron blanco de rechazos, críticas, burlas y descrédito dentro de su propio seno familiar. Sin embargo, llamó mucho mi atención lo que leí en el capítulo 16:18 del mismo libro, que dice que uno de los criados hizo una descripción de David a Saúl, mencionando su talento para la música, su valentía, su habilidad para la guerra, su capacidad de expresarse con prudencia en sus palabras y su buena presencia. ¡¡Además, resaltó que el Señor estaba con él!! Imagínate qué contraste con lo que su hermano le había dicho. Evidentemente David tenía que soportar en forma habitual el rechazo de sus hermanos, que lo tenían en poco.

Haz una lista en una columna de las palabras que ha dicho en contra de ti algún familiar y que te enojaron o te lastimaron. En otra columna escribe palabras con las que se refirieron a ti familiares o amigos mencionando tus aspectos positivos. Luego, compáralas con lo que la Biblia dice sobre lo que Dios piensa de ti, y encontrarás que son más las opiniones constructivas acerca de tu persona que destructivas. Solo de ti depende cuáles pesarán más en la balanza de tu vida.

La manera más efectiva para cambiar esta influencia negativa es conocer a Dios y lo que él piensa y espera de nosotros. Como lo mencionamos anteriormente, somos hijos suyos, y esta gran verdad encierra la intención misma de Dios al crearnos, y revela que tiene un propósito para cada uno como lo dice en Salmos 138:8. ¡La gran aventura es descubrirlo!

Hace muchísimo tiempo, un hombre llamado Abraham, quien más tarde sería conocido como el amigo de Dios, cometió una gran equivocación que podría haber desencadenado una terrible situación tanto para sí mismo como para otros. Él y su esposa Sara habían ido a vivir a un lugar llamado Néguev. Ahí conocieron al rey Abimélec, quien aparentemente quedó impresionado con la belleza de Sara. Y Abraham le dijo que ella era su hermana. ¡Te preguntarás, qué tuvo que pasar por la cabeza de Abraham para inventar semejante cosa! Bueno, lo cierto es que él tenía temor de que lo mataran por lo linda que era su esposa, entonces recurrió a la mentira. Cuando Abimélec fue alertado por Dios en un sueño, se levantó y fue a pedir cuentas a Abraham.

Finalmente la historia tiene buen final: Abimélec entrega de vuelta a Sara a su esposo y les regala ovejas y vacas, también siervos y siervas y hasta les obsequia mil monedas de plata y la oportunidad de vivir en su tierra. Esta historia puedes leerla en Génesis 20:1-18. Ahora, permíteme presentarte otro caso muy parecido a este. Se trata de un hombre llamado Isaac, quien también junto con su familia, fue por un tiempo a vivir a un lugar llamado Guérar, donde reinaba un hombre llamado Abimélec (no era el mismo rey de la historia pasada, era otro con el mismo nombre). Cuando llegó al lugar, los hombres que vivían ahí le preguntaron por Rebeca, a lo que él contestó que era su hermana, pues tuvo miedo de que lo mataran por causa de ella, porque era muy hermosa. Un día el rey los vio de manera muy comprometida a ambos, por lo que entendió que ella era su esposa. Fue a reclamárselo a Isaac, y entonces él le explicó cuáles fueron sus razones. Después de todo lo que ocurrió el rey les permitió vivir en su tierra. Isaac y su familia vivieron y prosperaron en ese lugar, y Dios los bendijo. Esta historia también la puedes leer en Génesis 26:1-14. ¿Qué llama tu atención en estas dos historias muy similares? ¿Qué ingredientes de esta gran ensalada encuentras en común? Seguro resaltarás el temor y la mentira tanto de Abraham como de Isaac. Encontramos al hijo cometiendo el mismo error que su padre, mucho tiempo después. Este es el caso de Abraham y de su hijo Isaac. Ambos utilizaron el mismo mecanismo de defensa ante una situación que consideraron riesgosa: decidieron mentir ante el temor de perder sus vidas. ¿Por qué crees que Isaac se comportó así?. Evidentemente se había enterado de cómo había actuado su padre, Abraham.

De la misma manera también puede ocurrirnos: en ocasiones nos encontramos con patrones de conducta que no nos agradan repitiéndose en nosotros casi naturalmente porque alguien que influyó en nuestra formación los tenía. Y aunque alguna vez dijimos que no los copiaríamos, sorprendentemente nos encontramos un día haciendo exactamente lo mismo. A veces, aquello que más odiamos de nuestros padres o de los que nos criaron es lo que finalmente terminamos reproduciendo en nuestra vida.

Algunos ejemplos podrían ser adicciones, algún tipo de abuso, depresión, o desórdenes alimenticios, entre otros; estos son patrones que se van pasando de generación en generación. Casi sin notarlo se van dando nuevamente en nuestras vidas, y aun cuando no lo queremos hacer, a veces nos encontramos con la frustración de que está ocurriendo. Y del modo como nosotros fuimos dañados, ahora nos encontramos dañando con lo mismo a otros. ¿No crees que es un horror?

Por eso es crucial identificar qué no nos gusta y qué patrón de conducta no queremos repetir. Y comenzar a definir las posturas que vamos a determinar ante tales conductas, actitudes, hábitos y tentaciones. Es indispensable que podamos buscar ayuda profesional si el caso lo requiere, como también la ayuda de personas que amen a Dios y que puedan orientarnos correctamente. Pero sobre todo,

A VECES, AQUELLO QUE MÁS ODIAMOS DE NUESTROS PADRES O DE LOS QUE NOS CRIARON ES LO QUE FINALMENTE TERMINAMOS REPRODUCIENDO EN NUESTRA VIDA.

tenemos que asumir de antemano nuestra posición de cambiar tales hábitos, y no darles lugar ni en nuestra mente ni en nuestra vida. Trabajando esas áreas débiles, sean cuales sean, tarde o temprano esa situación que te ha marcado y que te ha causado tanta frustración pasará a ser una anécdota menor.

Por un momento reflexiona sobre aquello que no te agrada de ti. Pueden ser malos hábitos o tentaciones, o lo que consideres una amenaza potencial para la realización de tus sueños y del llamado que Dios depositó en ti. Escribe estos puntos en un cuaderno para que puedas visualizarlos, y luego traza un plan de cómo superarlos (para elaborarlo puedes pedir la ayuda de alguien a quien respetes y consideres por su estilo de vida) y pídele ayuda a tu Padre para poder vencerlos.

Recordemos que de nuestro Padre celestial es de quien podemos adquirir y delinear nuestra identidad. Más allá de lo que pudo influir nuestro entorno en nuestras vidas y sus costumbres, cualesquiera que estas sean, no olvidemos que el mayor punto de referencia de quiénes somos se desprende de esta verdad inmutable: Que aquellos que aceptamos a Jesús en nuestro corazón y lo invitamos a ser el Señor de nuestras vidas y nuestro Salvador personal «somos hechos hijos de Dios» y pase lo que pase, eso no lo cambia nada ni nadie. Sabes, la Palabra de Dios dice en Romanos 8:1 que no hay ninguna condenación para los que están unidos a Cristo Jesús, entonces, una vez que lo has conocido y que le has entregado el control de tu vida no estás condenado ni programado para hacer lo mismo que otros han hecho. Eres libre del pecado. ¡Uf!

¡Qué bueno! Cuando llegas a los pies de Jesús todas las cosas son hechas nuevas por él. ¡¡Lo viejo ya pasó!!

Y aunque nuestra familia en ocasiones no crea en nosotros, y sus palabras y acciones puedan llegar a ser negativas, nuestra identidad fluye de lo que la Biblia dice que somos. La transfusión de una identidad sana comienza cuando empezamos a moldear nuestra vida y nuestro carácter a la luz de la Palabra de Dios. Por eso, es imperativo definir quiénes somos basados en los pensamientos y dichos de Dios para nuestras vidas.

Por lo tanto, este es un tema que demanda que nos ocupemos de él. Muchos jóvenes son afectados de tal manera en su identidad que esto les impide divisar correctamente lo que Dios preparó de antemano para ellos. Toda su vida la ven a través del filtro de su autoestima, y esto afecta sus sueños, su carrera, su ministerio, su proyecto familiar, al punto de que no pueden desarrollar al máximo el potencial de lo que Dios colocó en ellos.

Cuando nos ocupamos de vernos como Dios nos ve, se produce un cambio en nuestra manera de ver la vida, en nuestras decisiones y hasta en nuestros hábitos. A medida que vayamos adquiriendo, desarrollando y transmitiendo estos cambios, afectarán no solo nuestras vidas sino también las de los que nos rodean.

No importa lo que te hayan dicho que eres, no hay otra verdad más importante que esta: «Eres todo lo que Dios dice que eres»:

- Para Jesús eres un amigo (Jn 15:15).
- Eres propiedad de Dios (1Co 6:19-20).
- Dios depositó su poder en ti para que compartas su amor (Hch 1:8).
- Eres la sal y luz del mundo (Mt 5:13-14).
- Eres parte del cuerpo de Cristo (1Co 12:27).
- Eres libre de condenación por siempre (Ro 8:1-2).
- Eres representante de Jesús en la tierra (2Co 5:17-21).
- Eres bendecido con toda bendición espiritual en Cristo (Ef 1:3).
- Eres santo, sin manchas y cubierto con el amor de Dios (Ef 1:4).
- Tienes acceso directo a Dios a través de su Espíritu Santo (Ef 2:18).
- Eres amado por Dios (Ro 8:35-39).
- Eres más que vencedor (Ro 8:37).
- Todas las cosas en tu vida te ayudarán a bien (Ro 8: 28).
- Eres libre para acercarte a Dios con toda confianza (Ef 3: 12).
- Eres capaz de enfrentar cualquier problema y adversidad (Fil 4:13).
- Eres el templo de Dios (1Co 3:16).
- Estás completo en Jesús (Col 2:10).

•Tu vida está segura con Cristo en Dios
 (Col 3:3).
•Eres justificado (Ro 5:1).
•Eres un colaborador de Dios (1Co 3:9; 2Co 6:1).
•Eres la obra maestra de Dios (Ef 2:10).
•Puedes estar seguro de que las buenas obras
 que Dios comenzó en tu vida serán perfecciona
 das (Fil 1:6).
•Eres redimido y perdonado (Col 1:14).
•Eres todo esto y mucho más, pero por
 sobre todo... eres Hijo de Dios (Jn 1:12).

Proponte no permitir que nada de lo que te haya ocurrido empañe lo que Dios ha depositado en ti para iluminar este mundo. Tu verdadero valor no lo determina tu apariencia física, ni tu situación económica, ni tu contexto familiar, ni tu círculo de amigos...

... TU VERDADERO VALOR Y DESTINO SE ENCUENTRA EN LA IDENTIDAD DEL PROPÓSITO DE DIOS PARA TU VIDA.

Una idea que me gustaría sugerirte es que empieces por observar a los héroes de la fe. Entre ellos, uno de los que más me ha inspirado es Daniel, quien aun en circunstancias difíciles se definió sobre principios innegociables, como también lo hicieron sus amigos que fueron llevados junto con los cautivos.

También puedes observar a los héroes contemporáneos, aquellos que hoy reflejan una vida entregada

y dedicada a servir a Dios. Recuerda que lo más importante no es de dónde vienes, ni tampoco las cosas que ocurrieron en tu niñez y adolescencia, lo importante es qué harás a partir de hoy con tu vida.

LOS PLANES BÚMERAN DE SATANÁS

Él era el milagro más esperado. Todo presagiaba un buen porvenir y un futuro brillante; se destacaba a la distancia por la túnica de colores que su padre había mandado que le confeccionaran, y rápidamente fue conocido como "el soñador". Junto con su nacimiento y los sueños proféticos sobre su futuro, el infierno lanzó un decreto para desviar y arruinar los planes que Dios tenía para este joven llamado José.

El enemigo trazó un plan para aniquilarlo, y sus hermanos fueron parte del mismo. Comenzaron a odiarlo, y ni siquiera lo saludaban cuando se dieron cuenta de que su padre lo prefería más que a ellos; este sentimiento se acentuó cuando José tuvo sueños que lo incluían a él y a su familia posicionándolo por encima de ellos. Cuenta la Biblia en Génesis 37 que sus hermanos le tenían envidia al punto de tramar un plan para matarlo. Finalmente lo vendieron como esclavo por veinte monedas de plata a unos mercaderes madianitas desconocidos. Fue así como José fue a parar a Egipto, y ahí fue vendido como esclavo a Potifar, un oficial del faraón. En ese punto la vida de este joven soñador dio un completo giro, de ser un hijo consentido pasó a ser el siervo de alguien, lejos de su casa, su familia y sus amigos. Esta situación es tan abrumadora que si te transportas a ese tiempo y observas a José puedes notar el enojo, la desazón y los muchos interrogantes que se dejan entrever en su mirada. Pero en medio de todo lo que está viviendo no se oye ninguna palabra que refleje enojo contra Dios. Es más, en la casa de Potifar a José las cosas le salen muy bien. La Biblia relata que Dios estaba con él en todo momento y que lo hacía prosperar en todo. Él sabía que si lo había perdido todo, lo único que no había perdido era a Dios, y esta situación lo acercó tanto a él que hasta su amo lo notó; éste depositó en él toda su confianza, **LA BIBLIA RELATA QUE DIOS ESTABA CON EL EN TODO MOMENTO Y QUE LO HACIA PROSPERAR EN TODO.** nombrándolo como mayordomo de su casa y administrador de todos sus bienes.

Más tarde, y como si fuera poco, José es acosado día tras día por la esposa de Potifar para que se acueste con ella; frente a esta complicada situación él se mantiene firme en su rechazo, hasta que es acusado injustamente por la mujer ante su esposo y sus siervos. Y así va a parar a una cárcel oscura y fría. Por un instante imagínate que estás en el lugar de José. ¿Qué preguntas vienen a tu mente? ¿Con qué sentimientos te enfrentas? ¿Cuál sería tu actitud contigo mismo, con los demás y con Dios? En cuanto a José, la Biblia narra que Dios estaba con él, y que hizo que ganara la confianza del jefe de la cárcel, quien lo puso a cargo ¡de todos los prisioneros y de lo que allí se hacía! Fue llevado al calabozo por hacer lo correcto y cuando todos se olvidaron de él, el Señor no lo hizo. Todo lo que este joven hacía honraba a Dios, permitiendo que tambien otros lo conozcan.

José tuvo que definir qué haría con su vida, cómo reaccionaría a tales acontecimientos. Tenía que escoger ser de los que sueñan y pelear por sus sueños, o ser de los que critican y murmuran en contra de los que sueñan. Finalmente, decide mantener intacta su esperanza en Dios. Esto provocó un cambio de planes inesperado: cada mala situación que le tocó vivir le ayudó a madurar y a desarrollar los dones que Dios le había dado.

Dios vio la fidelidad de José a pesar de toda la injusticia que estaba viviendo, y los planes que el enemigo trazó para destruir su vida fueron cambiados por Dios para bendecirlo y bendecir a otros, incluyendo, más tarde, a sus propios hermanos.

Lo que pretendía hundir y llenar de amargura a José, terminó promocionándolo y acercándolo al cumplimiento de los sueños que había tenido en su juventud. Muy pronto sería nombrado como administrador absoluto de Egipto, y como el hombre de mayor influencia en el imperio egipcio luego del faraón.

Al igual que José, Daniel también fue un joven llevado lejos de su tierra, de su familia, de su gente, de su entorno, en una circunstancia potencialmente dañina y fulminante. Todo parecía ser una victoria rotunda del enemigo.

Lo que Satanás pretendía era destruir los sueños, el potencial de este joven y de sus tres amigos que también se encontraban en la misma situación, y destruir los mismos propósitos de Dios para ese tiempo. Pero en consecuencia directa a las decisiones de Daniel, Dios lo convirtió en realeza.

Pronto lo llamaron para servir en la corte del Rey, como uno de los hombres de mayor influencia en el imperio babilónico.

Así como ocurrió con José y con Daniel, cientos de años después el enemigo y volvió a lanzar su plan dañino en contra de otro joven que buscaba hacer el bien y servir a Dios como fuera. En una primera instancia convirtió a este joven llamado Saulo en el perseguidor número uno de la iglesia primitiva, pero algo que no estaba en los cálculos previos ocurrió. Saulo tiene un encuentro con Jesús y su misión da un giro de ciento ochenta grados. De perseguidor de cristianos se convierte en el principal precursor del evangelio de aquel entonces. Se entregó con toda su vida a predicar del amor de Jesús. Más tarde fue conocido como el Apóstol Pablo.

En un intento desesperado por dar vuelta los resultados adversos el enemigo lanza una estrategia de contraataque y logra encerrar a Pablo entre rejas. Satanás esperaba que la cárcel apagara la llama en el corazón de Pablo, pensó que detendría la proclamación del evangelio metiéndolo allí. Aparentemente silenció sus palabras, pero hubo un cambio de planes: Pablo definió que nada lo detendría de cumplir el propósito de Dios para su vida, hubo un paréntesis divino en consecuencia a su actitud, y la situación cambió. Dios lo inspiró y en lugar de hablar aprovechó el tiempo de quietud y empezó a escribir. Las cartas a los Gálatas, a los Efesios, a los Filipenses y a los Colosenses se escribieron desde una celda.

«Todo lo puedo en Cristo que me fortalece» (Filipenses 4:13) no salió de un superhombre. Esas fueron las palabras de un prisionero que con su decisión provocó una revolución espiritual más allá de la situación que estaba enfrentando. Por instantes la soledad lo invadía, la angustia y la adversidad hacían que aquella celda se volviera aun más fría. Aunque no tenía dinero ni posesiones y la mayoría de sus amigos brillaban por su ausencia... se mantuvo inquebrantable en la fe, y Dios cumplió su propósito en su vida.

¿Cuál es la estrategia que el enemigo ha traído contra tu vida?

¿Tu familia se está destruyendo?

¿Tus padres se están separando? ¿Hay planes o rumores de divorcio?

¿Te bombardean pensamientos que te dicen que tienes que irte porque ya no aguantas?

¿Ha retumbado en tu cabeza el pensamiento de quitarte la vida porque ya no le encuentras sentido a nada, y ese pensamiento no te deja?

Recuerda que las circunstancias que nos rodean o nuestro pasado no determinan lo que realmente somos, ni lo que podemos llegar a ser. Es nuestra manera de reaccionar a esto, ya sea con nuestra actitud, decisiones y con las acciones que realicemos, la que demarcará y forjará nuestro futuro. No estoy tratando de decirte que las circunstancias que vivas no puedan afectarte, ¡por supuesto que sí! Claro que hay situaciones que te dolerán, te desanimarán, te robarán la tranquilidad y hasta podrían derribarte. ¿Pero qué decisiones tomarás cuando éstas se

POR INSTANTES LA SOLEDAD LO INVADIA, LA ANGUSTIA Y LA ADVERSIDAD HACIAN QUE AQUELLA CELDA SE VOLVIERA AUN MAS FRIA.

presenten? ¿Qué harás al respecto? ¿Cuál será tu actitud ante los percances que la vida te podría traer?

Es imprescindible que puedas entender que a fin de cuentas, de tus actitudes, decisiones y acciones se forjará la dirección y el rumbo que tomará tu vida. Que puedas crecer, superarte, mejorar, y avanzar depende de ti, y de la capacidad de reacción que escojas a lo que te toca vivir.

¿Qué vas a hacer con tu pasado? ¿Cómo superarás los recuerdos de lo que has vivido? ¿Cómo harás para convertir aquello que te ha afectado en una oportunidad para crecer y madurar? ¿Cómo enfrentarás tu mañana en medio de situaciones adversas que puedas llegar a vivir, como un amor no correspondido, una relación de noviazgo rota, la traición de alguien en quien confiabas, la indiferencia de tus amigos que te hacen a un lado, o la frustración de aquel trabajo anhelado que no conseguiste?

Tómate unos minutos con Dios en oración, pídele que te ayude a encontrar una visión de futuro que te impulse a reaccionar y a enfrentar la vida con la actitud correcta, a tomar decisiones certeras y a comprender que todas las cosas ayudan a bien a los que le aman.

Hoy tienes que definir tu situación correctamente, tu decisión provocará un cambio de planes, y verás cómo todas aquellas cosas que el enemigo utilizó para desanimarte y hundirte, serán las cosas que Dios utilizará para promoverte y ser de bendición para otros que estén transitando por la misma senda que tú transitaste.

PRINCIPIOS INNEGOCIABLES

Se cuenta la historia de un cazador que recorría el bosque buscando un oso. Luego de un largo recorrido en la profundidad espesa del bosque, a lo lejos pudo divisar la silueta de un peludo pie grande comiendo miel de un panal que sostenía con sus garras.

Nuestro amigo el cazador se acercó todo lo que pudo, alzó su rifle apuntando hacia el temible oso y comenzó a apretar lentamente el gatillo buscando la mayor precisión posible. Pero el oso levantó lentamente la mirada y con voz suave dijo al cazador: ¿No sería mejor conversar que disparar? ¿Por qué no negociamos el asunto? ¡Seguro llegaremos a un acuerdo! ¿Qué es lo que quieres?

Sorprendido de que el oso hablara, el cazador bajó su rifle y contestó: «Bueno... lo que quiero es un abrigo de piel». «No hay problema», dijo el oso, «creo que lo podemos negociar, lo único que yo quiero es un estómago lleno, tal vez podamos llegar a un acuerdo».

Así que se sentaron a conversar el asunto y luego de unos minutos de ardua discusión, el oso salió caminando solo. Las negociaciones tuvieron éxito: el oso tenía su estómago lleno y el cazador su abrigo de piel.

Muchas veces nos comportamos como este desdichado cazador. Lo hacemos cuando pensamos que podemos sentarnos con la tentación a negociar, cuando nos convencemos de que podemos ceder ante algo que no debemos, sin que esto nos perjudique.

Nunca resulta de esa manera porque así como el oso nunca deja de ser oso, el diablo nunca deja de ser el enemigo de tu vida. Cuando se trata del mal, no lo podemos tomar a la ligera ni darnos el lujo de querer negociar.

Con esta historia solo quiero graficarte, que es indispensable que definamos nuestra identidad y nuestra postura respecto a circunstancias que eventualmente podríamos enfrentar, ya que llegan momentos en nuestra vida en los que no debemos dudar en apretar el gatillo y terminar con aquellas situaciones que ponen en riesgo nuestro compromiso con Dios.

No te dejes engañar, ser tentado no es sinónimo de pecar; todos somos tentados, no eres el único (esto es algo que le sucede a cualquier ser humano «normal»). Tienes que reconocer e identificar cuáles son tus puntos débiles: «Cada quién sabe dónde le aprieta el zapato». Debes decidir de antemano no acceder a ninguna propuesta que pondría en riesgo tu comunión con Dios.

Ahora bien, cuando hablamos de tentaciones

debemos entender que estas basan su fortaleza en mentiras, engaños, o alternativas contrarias a las coordenadas que nos da la Biblia para que vivamos nuestras vidas dentro de los propósitos de Dios. La mentira y el engaño no tienen poder en sí mismos, sino que encuentran poder en aquellos que los creen. El diablo sabe que si crees sus mentiras, pronto te desviarás del camino que Dios ha delineado para ti y perderás tu destino. Sabe muy bien que si logra alejarte y dejas de oír la Palabra de Dios comenzarás a creer y asimilar sus mentiras.

CUANDO SE TRATA DEL MAL, NO LO PODEMOS TOMAR A LA LIGERA NI DARNOS EL LUJO DE QUERER NEGOCIAR.

Las tentaciones son provocaciones, intentos de Satanás para seducirnos y apartarnos de los caminos de Dios. En ella, el enemigo nos presenta opciones de «placer y satisfacción» que tienen por objetivo distraernos de la voluntad de Dios y confundirnos el camino.

Los años de adolescencia de Daniel nos muestran claramente que más allá de ser joven y estar atravesando por una etapa natural de cambios definió su postura sobre los principios en los cuales fue instruido. Lo que marcó la diferencia fue definir de antemano su postura de mantenerse fiel a Dios, y lo hizo antes de enfrentar las situaciones que podrían poner en riesgo

su compromiso con él.

En esencia el camino hacia la victoria está en fortalecernos en nuestras convicciones antes de que lleguen las situaciones, pruebas o tentaciones, que pongan en riesgo nuestro compromiso con Dios. Justamente hay veces en que nos metemos en problemas porque no fijamos previamente los límites antes de que surjan situaciones difíciles que comprometen nuestra postura de agradar a Dios.

Por ello, debes asumir de antemano una posición respecto a actividades que vas a realizar, lugares que frecuentarás, personas y amigos con quienes vas a intimar, tipo de literatura, música y hasta sitios de Internet en los cuales navegarás.

Definir quiénes somos como hijos de Dios crea la oportunidad de desarrollar una vida enfocada, con propósito definido, que sirve a Dios y puede ayudar y bendecir a otros.

Nunca es demasiado tarde para ser parte de una generación con la estirpe de Daniel. Sólo tienes que definir y determinar lo que quieres ser y eso será firme para ti. Ten por seguro que contarás con el poder del Espíritu Santo, y serás un joven de la talla de Daniel.

Interrumpe un momento la lectura y haz una lista de eventuales situaciones o circunstancias ante las cuales no negociarás cuando se presenten. Anótalas en un papel. Ahora tómate un tiempo de oración y comprométete con Dios de antemano a no ceder ni dar lugar a que estas situaciones afecten tu relación con él.

OPERACIÓN RESCATE

Hace más de dos mil años, un escuadrón celestial hizo un ataque frontal y violento contra las puertas del infierno. En una batalla candente y altamente decisiva, nuestro capitán de escuadrón tomó la decisión de ponerle fin a la afrenta que el enemigo traía sobre la humanidad. Involucrándose y haciéndose protagonista principal de una operación de alto riesgo con consecuencias de muerte segura.

Así, Jesús vino a la tierra con una misión bien definida. Cuando apenas era un indefenso niño, el enemigo en un ataque traicionero y sorpresivo empezó a buscar quitarle la vida. Pero los ángeles del comando celestial de apoyo cumplieron su objetivo y pudo escapar a tierras lejanas mientras iba creciendo y preparándose para cuando llegara su hora.

En su adolescencia le gustaba aprender e indagar sobre el manual de instrucciones que habían escrito los profetas. Trabajó en la carpintería, siendo de apoyo y sostén para su madre, hasta que un día escuchó los rumores y las noticias: «Juan el Bautista predicaba en el desierto el arrepentimiento y que el reino de los cie-

los se había acercado». Sabía que la hora había llegado, la señal del departamento de inteligencia celestial había sido enviada.

Dejó sus herramientas y abandonó la carpintería. Sabía que se aproximaban días militantes y que a partir de ahí caminaría por los caminos polvorientos de la región, llevando adelante su plan de acción y que no pararía hasta estar clavado en una cruz.

Con el correr del tiempo llegó el día donde fue injustamente traicionado, aprehendido y posteriormente ejecutado. En el proceso de su ejecución una multitud se volvió contra él con todo tipo de ofensas, le gritaron e insultaron, le escupieron y lo colgaron desnudo en una cruz, frente a una gran multitud. Y lo tuvieron ahí hasta que partió de este mundo con la promesa de resucitar al tercer día. Y así lo cumplió.

Tu salvación es el resultado de un cruel enfrentamiento, de una violenta batalla que se libró para que puedas ser libre de la esclavitud del pecado. Ahora te toca a ti definir, ¿qué vas a hacer? Tienes que decidir si permanecerás indiferente, o estarás dispuesto a luchar para liberar tu vida y la de otras personas que están sometidas a la esclavitud de las fuerzas opresoras.

Hoy más que nunca tu generación vive la amenaza de su destrucción total, hoy más que nunca corre peligro. El enemigo está fieramente desatando toda su artillería de violencia, de seducción y distorsión de identidad, para tomar posesión desde las edades más tempranas.

No puedes ignorar lo que el enemigo está ejecutando delante de tus propios ojos, tratando de robar lo que Dios te ha dado y lo que le ha dado a tu generación. Estoy convencido de que tienes el potencial de marcar una diferencia en tu generación si te animas a creerle a Dios, y le declaras la guerra a los enemigos de tu vida, que aunque te hayas dado cuenta o no, te tienen en la mira.

TU SALVACIÓN ES EL RESULTADO DE UN CRUEL ENFRENTAMIENTO, DE UNA VIOLENTA BATALLA QUE SE LIBRÓ PARA QUE PUEDAS SER LIBRE DE LA ESCLAVITUD DEL PECADO.

Ante este escenario, recuerda: Dios está buscando jóvenes guerreros sedientos de victorias con él, dispuestos a enfrentarse al enemigo, que no retroceden ante la presión, jóvenes que se determinen a demostrar con sus vidas, que «Mayor es el que está en nosotros que el que está en el mundo» (1 Juan 4:4).

Si estás cansado de vivir en la rutina de siempre, si sientes que el conformismo te ha absorbido, o que el pecado te ha robado las bendiciones que Dios

te da cada día, entonces es hora de declarar la guerra y desatar la tormenta más devastadora que nunca jamás hayas experimentado en tu vida, hasta que no quede en pie nada de aquello que te ha detenido en tu caminar con Dios.

Haz una pausa en tu lectura, deja el libro por un momento, si estás en tu casa dirígete a tu habitación. Deshazte de aquellas cosas que sabes que nada tienen que ver con lo que Dios quiere para ti, si tienes cosas que borrar del disco duro de tu ordenador, no dudes en hacerlo, si el problema es la Internet, saca el ordenador de tu dormitorio y colócalo en otro lugar donde puedas utilizarlo y otras personas estén a tu alrededor. Si tienes que deshacerte de cierto tipo de música, literatura, o tal vez pornografía, drogas, vicios... lo que sea ¡¡¡destrúyelo!!! No negocies, sé directo, frontal y violento con el pecado, desarraiga de tu vida todo eso que sabes que te daña y te ha detenido todo este tiempo.

Cuando hayas terminado esta batalla sabrás que el primer golpe maestro al campamento enemigo fue certero.

Hubo un hombre rudo que se vestía de piel de camello, era un hombre firme como una piedra, dispuesto a asumir los riesgos que fuera para cumplir su misión, «preparar el camino para el Señor».

Cuando Jesús se refirió a él dijo: «Les aseguro

que entre los mortales no se ha levantado nadie más grande que Juan el Bautista; sin embargo, el más pequeño en el reino de los cielos, es mayor que él». Y añadió: «desde los días de Juan el Bautista hasta ahora, el reino de los cielos ha venido avanzando contra viento y marea, y los que se esfuerzan logran aferrarse a él» (Mateo 11:11-12).

Juan el Bautista era un guerrero curtido, preparado para pelear y enfrentarse con lo que sea. Muy lejos de como algunos lo imaginan, parecido a Pedro Picapiedras, Juan era un soldado de Dios, directo, radical, frontal y veraz. Hablaba sin pelos en la lengua, sin importar a quién tenía que enfrentarse, y sin importarle las consecuencias de decir la verdad y hacer lo correcto.

Cuando Herodes se ensañó contra él no retrocedió un solo paso, cuando la gente lo aplaudía reaccionaba exactamente de la misma manera que cuando lo criticaban, le daba igual. No permitía que nada ni nadie lo distrajera de su misión, era un hombre muerto para el mundo y vivo para Dios.

Su vida iba en total sintonía con sus palabras, había algo en él que capturaba la atención de todos, algo que iba más allá de su carisma, dinero, posición, ya que no contaba con ninguna de esas cosas.

No está registrado que haya orado por los enfermos y que hayan sanado, ni que estuviera rodeado de señales y milagros. Sin embargo, Jesús dijo que no ha habido nadie más grande que él.

¿Qué tenía Juan que fue pieza fundamental en este operativo de rescate?

Juan tenía algo que el mundo hoy añora: él era un hombre veraz, decía y vivía la verdad sin importar las consecuencias. Y justamente ese aspecto de su vida lo llevó a tener la relevancia histórica con la que lo conocemos.

Marcos registra que «toda la gente de la región de Judea y de la ciudad de Jerusalén acudían a él. Cuando confesaban sus pecados, él los bautizaba en el río Jordán» (Marcos 1:5).

En la conocida canción del grupo pop cristiano DC Talk «Locos por Jesús», el cantante pregunta:

> *¿Qué pensará la gente cuando oiga que estoy loco por Jesús?*
> *¿Qué hará la gente cuando descubra que es verdad?*
> *Realmente no me importa si me tachan de loco por Jesús.*
> *Ya no hay forma de ocultar esa verdad.*

La verdad de Jesús no puede ser ocultada. El

mundo está desesperado por conocerla. Juan 8:32 habla de que conoceremos la verdad y la verdad nos hará libres, de ahí la importancia de darla a conocer, ya que nos da libertad. Vivir en la verdad nos hará libres del pecado, de la mentira, del engaño, del temor, de complejos, de culpas, de vivir de las apariencias y de superficialidades, nos hará libres para amar y perdonar.

Ser veraces no tiene que ver solamente con decir la verdad sino con vivirla. Te preguntarás cómo puedes vivir la verdad. Piensa en situaciones de tu vida cotidiana, en tu colegio, tu hogar, en tu grupo de amigos en donde puedes escoger qué tipo de vida vivirás.

Lee estos breves casos y medita sobre lo que harías si te encontraras frente a alguno de ellos:

LA VERDAD DE JESÚS NO PUEDE SER OCULTADA, EL MUNDO ESTÁ DESESPERADO POR CONOCERLA.

-Te encuentras ante un examen, en realidad no tuviste el tiempo necesario para estudiar los contenidos porque tu mamá se sintió mal y la tuviste que acompañar al médico, y un buen compañero se ofrece a ayudarte durante el mismo. ¿Aceptas la ayuda?

-Tu papá te pidió ayuda para limpiar la cañería de la cocina. Piensas en lo asquerosa que será la tarea, entonces, se te ocurre inventar una salida para evitarla. Podrías decir que tienes que realizar un trabajo para entregar al día siguiente y tienes que ir a terminarlo en la casa de un compañero. ¿Qué decides hacer?

-Tu boletín de calificaciones ha sido entregado, tus notas son muy malas. Tienes dos opciones: una es la de ocultarlo porque si se enteran te prohibirán que vayas a esa fiesta que hace tiempo esperas, la otra opción es enfrentar la realidad y asumir las consecuencias. ¿Qué decides?

-Tienes una relación de noviazgo ya hace un tiempo. Hoy sales solo con tu grupo de amigos, y uno de ellos invitó a una persona que te resulta muy atractiva y tú también llamaste su atención; es una oportunidad que posiblemente algunos no desaprovecharían, incluso algunos de tus amigos te insisten para que te acerques puesto que nadie se enterará de lo que hagas. ¿Qué harás?

-Últimamente las cosas no han ido tan bien en tu casa, tu papá está sin trabajo hace un tiempo y aún no ha conseguido otro. Están utilizando el dinero del ahorro que tu mamá tiene guardado en la cómoda. Cada vez que sales con tus amigos necesitas dinero, y no les puedes pedir prestado porque se darán cuenta de que algo no está bien, y eso iría contra tu imagen. Recuerdas dónde está guardado el dinero. ¿Qué decisión tomarás?

Definitivamente, tú escoges el tipo de vida que vivirás, si es una basada sobre la mentira y las apariencias o una basada sobre la verdad de Jesús en su Palabra. En todos los casos mencionados anteriormente se pone a prueba el carácter. Quizás algunas de esas situaciones no representan ningún conflicto de elección para ti, pero otras sí. Y de eso depende el vivir con veracidad, que ante cada situación que en la vida se te presente decidas actuar con la verdad, de manera transparente aunque eso acarree resultados no tan agradables ni convenientes en el momento. Quizás en ocasiones te sientas ridiculizado o en aprietos, pero no olvides que ante los ojos de Dios vas a estar haciendo tu mejor tarea, vas a contar con su aprobación.

Si la verdad nos hace libres, la mentira nos esclaviza. Una vez que mientes necesitas formular otra mentira para sostener la anterior, y eso se convierte en una cadena de falsedades que lo único que hace es mantenerte amarrado.

Para caminar en veracidad debemos recordar que la verdad de Dios es inconmovible, su verdad no cambia a pesar de las tendencias, de la moda, de las opiniones y las épocas.

Juan había sido encomendado a un violento y frontal operativo de rescate. Y eso justamente es lo que Dios está buscando en este tiempo, jóvenes que no escatimen absolutamente nada para hacer guerra al pecado, para batallar día a día contra todo aquello que cotidianamente quiere apartartos de sus planes.

Echa una mirada retrospectiva a tu vida, asegúrate de definir e identificar aquellas cosas que te están atrapando y frenando en tu caminar con Dios, y ahora levántate y decide acabar y destruir todo lo que viene a robarte la bendición de Dios. Que el mundo entero y hasta el mismo infierno tomen conciencia de que esta vez te has decidido a tomar en serio el desafío de entregar a Dios toda tu vida y entablar una violenta batalla contra el pecado.

EL OPERATIVO DE RESCATE ESTÁ EN MARCHA...

RIESGOS Y RECOMPENSAS

Cuando hablamos de definición, no solo estamos hablando de adoptar con decisión una actitud. Esta palabra tiene una connotación más amplia y profunda. El diccionario de la Real Academia Española nos brinda los siguientes significados para esta palabra: Quiere decir que fijamos algo con claridad, exactitud y precisión. También nos habla de concluir una obra, trabajando con perfección todas sus partes, aunque no sean las principales, y también nos habla de decidir, determinar y resolver algo, dejando fuera toda posibilidad de duda.

De ahí que sea imperativo que lleguemos a un

punto de definición absoluta de lo que somos y de lo que queremos llegar a ser. Claro que al proponernos esto tenemos que tener en cuenta lo que conlleva asumir esta posición, ya que requiere de nosotros enfoque, disciplina, decisión y entrega, entre otras cosas.

Es importante recordar que en la vida «todo tiene un precio». Cuando tienes una meta tienes un precio que pagar, es necesario tomar decisiones y acciones condicionantes para lograrla. De igual manera, si quieres alcanzar tus sueños, seguir una carrera, o escalar posiciones en tu lugar de trabajo, destacarte en algún deporte, o vivir una vida totalmente entregada a Dios, tienes que invertir tiempo, disciplinarte, enfocarte, y cuidar ciertos aspectos de tu vida, para así no desviarte de lo que te propusiste. Todo logro requiere que se pague un precio.

CUANDO TIENES UNA META TIENES UN PRECIO QUE PAGAR, ES NECESARIO TOMAR DECISIONES Y ACCIONES CONDICIONANTES PARA LOGRARLA.

Ahora bien, por un instante piensa, ¿en qué áreas de tu vida tienes que brindar mayor dedicación, disciplina y entrega?

¿Estás dispuesto a pagar el precio de dejar de lado aquello que no esté alineado con tus metas y objetivos? ¿Puedes identificar cuáles son? Puedes escribirlos en un papel y pedirle a Dios que te ayude.

De la misma manera, no hacerlo también tiene su precio que pagar, ya que al no soñar, al no esforzarte en tus estudios, trabajo, deporte, o no buscar el plan de Dios para tu vida, corres los riesgos de vivir las consecuencias, de perder un tiempo valiosísimo en tu vida. Tienes que correr con el precio de la frustración de ver tus sueños esfumándose, metas no alcanzadas, una carrera a mitad de camino, la impotencia de no poder ascender laboralmente, y sobre todo no crecer y no desarrollar tu vida en la medida en que Dios te ha permitido hacerlo, desarrollando al máximo tu potencial. Pero todo en la vida tiene que ver con un precio que debes pagar por hacer o no hacer las cosas.

Es sorprendente ver a tantos jóvenes desistiendo de andar en los caminos de Dios debido a los riesgos que tienen que enfrentar y a lo que tienen que dejar cuando deciden seguir a Jesús. De hecho, existe un precio que tienen que pagar si desean seguirlo. Pero lo que no tienen en cuenta es que el precio de no hacerlo es mucho más elevado. La Biblia en su versión 1960 de Reina Valera 1960 nos grafica claramente este concepto: «El buen entendimiento da gracia; Mas el camino de los transgresores es duro» Proverbios 13:15.

El precio de seguir a Jesús puede ser alto, pero trae consigo recompensas invalorables. Pero el precio de vivir fuera de la voluntad de Dios es aun mucho más alto y podría acarrear consecuencias duras y devastadoras. Por eso es fundamental que asumas una posición al respecto y que puedas llegar a conclusiones sólidas acerca de cómo vas a encarar tu vida, ya que es definitivamente crucial para el cumplimiento del destino de Dios en ti.

EL CAMINO QUE CONDUCE AL MAYOR RIESGO, ES EL CAMINO QUE CONDUCE A LA MAYOR RECOMPENSA.

Miremos a una joven en la Biblia, Ester, recientemente electa por el rey de Persia como su reina, en medio de una sociedad que está a punto de ser conmocionada, y en la que ella tendrá una participación que marcará el rumbo de su pueblo. En escena aparece un pariente, Mardoqueo. Este oyó sobre un complot para asesinar a todos los judíos que viven en Persia. Pone al tanto a Ester, quien en un primer momento no piensa hacer absolutamente nada para impedirlo. Cuando entonces escucha de parte de su tío palabras muy reveladoras que sugieren a Ester su propósito: «...Dios te colocó en el trono precisamente para un momento como este». Ester no tiene un panorama muy claro ni tampoco puede tomar conciencia del importante papel que representaría en un momento tan crítico para la historia de su pueblo. Aun así decide aceptar un desafío mucho mayor que ella y aun mayor de lo que puede imaginar, una confrontación que pondría en peligro su seguridad e incluso su vida misma, pero ella responde con valentía y osadía, y define ser protagonista de un plan magníficamente orquestado por Dios.

Sus palabras aún retumban como una consigna para aquellos que no tienen límites en su vida entregada a Dios...

«SI PEREZCO QUE PEREZCA».

¿Estarías dispuesto a rendir tu orgullo, a dejar tu cómodo estilo de vida, o hasta tu misma vida, para hacer lo que Dios te pide?

¿Hasta qué punto has definido entregar totalmente tu vida a Dios?

Es muy probable que no tengas que llegar a este tipo de desafíos donde corran riesgos tu seguridad y hasta tu vida misma, pero sí puede ocurrir que por definirte a agradar a Dios corras el riesgo de perder tu reputación, o ganarte la fama de impopular. Tal vez te arriesgues a no ser aceptado en ciertos círculos de amistades y te dejen de lado. Pero cuando llegue ese momento recuerda que junto con los riesgos al tiempo llegarán las recompensas. Cuando ocurran momentos como estos en tu vida, recuerda que en toda la historia de la humanidad Dios usó jóvenes de temple como Ester, definidos en la causa, que eligieron aferrarse a su fe y desafiaron al temor, al que dirán y a los tragos amargos momentáneos que pronto fueron olvidados con la llegada de las recompensas que Dios da a aquellos que le honran.

La historia del cristianismo está marcada a fuego por la vida de jóvenes que decidieron sufrir y morir antes de desistir de la causa de su fe. Uno de ellos fue el joven misionero Jim Elliot, que murió en manos de los indios Auca, una tribu primitiva de Sudamérica a la cual había ido a predicar el evangelio junto con otros amigos. Su decisión se expresa claramente en estas palabras que él escribió poco antes de morir:

«NO ES NECIO QUIEN DA LO QUE NO PUEDE GUARDAR PARA GANAR LO QUE NO PUEDE PERDER».

Jim Elliot había definido escoger los valores eternos antes que los beneficios inmediatos y pasajeros de este mundo. Como resultado de la muerte de Jim, su esposa Elizabet pudo acercarse a la tribu Auca acompañada de Rachel Saint, cuyo hermano Nate también fue martirizado con Jim Elliot.

Muchos miembros de esta tribu han aceptado a Cristo como su Salvador por medio del testimonio de estas dos mujeres dedicadas y de la entrega que tuvo Jim, quien definió con anticipación invertir sus días para ganar a esta tribu con el evangelio.

Una y otra vez desde Génesis hasta aquí, encontramos a Dios escribiendo la historia a través de hombres y mujeres que resolvieron entregarle totalmente sus vidas:

•Noé estuvo dispuesto a aguantar la burla de todo el mundo, y obedeció sin importar lo que decían de él.

•Abraham estuvo dispuesto a sacrificar a Isaac, su hijo.

•José estuvo dispuesto a soportar la traición de sus hermanos, el olvido en la fría cárcel y una serie de injusticias, abrigando su corazón con los sueños que Dios le había dado, para luego bendecir a los que le habían fallado.

•A Josué no le interesó si se burlaban de él cuando iba a dar las vueltas alrededor de Jericó... él obedeció sin importar las consecuencias.

•Ester estuvo dispuesta a dar su vida por sus hermanos.

•María estuvo dispuesta a perder su reputación.

•Pablo estuvo dispuesto a tenerlo todo por basura.

Y hoy, ¿estarás dispuesto a obedecer al llamado de Dios, aunque te critiquen o te dejen de lado?
¿Estarías dispuesto a sacrificar tu orgullo y reputación por identificarte con la causa Cristo?

Estas historias son de las que más me han confrontado con mi realidad. Me han brindado un sentido de ubicación cuando pretendí pensar que ya había entregado mucho a Dios, y que ya había hecho demasiado por mi cristianismo. A la luz de las historias bíblicas y de las contemporáneas entendí que todavía me queda demasiado por entregar y por hacer, y es mi deseo que tengas esa misma inquietud respecto a todo lo que todavía puedes hacer en tu vida cristiana.

Recordemos, definir nuestra identidad y nuestra postura respecto a nuestro compromiso con Dios está rodeado de riesgos y recompensas tal como lo vimos en este capítulo. Ocurrió con Jim Elliot en las selvas del Ecuador, ocurrió con Ester en Susa Persia, y ocurrió con los cuatro muchachos en Babilonia.

La postura radical de Daniel y sus amigos de no contaminarse resultó ser como la jugada magistral que definió un partido, y más que

> **LA POSTURA RADICAL DE DANIEL Y SUS AMIGOS DE NO CONTAMINARSE RESULTÓ SER COMO LA JUGADA MAGISTRAL QUE DEFINIO UN PARTIDO...**

eso, desembocó en una goleada impresionante a favor de ellos. En el tiempo establecido por el rey Nabucodonosor fueron presentados, y quien luego de hablar con ellos no encontró a nadie que los igualara, de modo que pasaron a ser parte del equipo consejero de la realeza.

Piensa por un momento, ¿qué de estos jóvenes fue lo que tanto impresionó al rey?. La Biblia nos cuenta que los halló diez veces más inteligentes que todos los magos y hechiceros de su reino. Estos jóvenes definieron cómo enfrentarían el partido de sus vidas, y sentaron postura de antemano de agradar a Dios sobre cualquier circunstancia que puedieran enfrentar. Sabían que «riesgos y recompensas» eran las dos caras de una misma moneda. Asumieron los riesgos y en seguida las consecuencias se hicieron sentir. Muy pronto se ganaron un lugar de prestigio en la sociedad y el respeto de todo un pueblo al cual no pertenecían.

Tómate un tiempo para meditar en estos héroes de la fe, deja que la Biblia te vuelva a hablar, deja que te vuelva a gritar en estas líneas.

Haz una pausa y pídele a Dios en oración que te permita desarrollar fortaleza espiritual para vivir una vida a la altura de los desafíos de modelar a Cristo a tu generación, y comprométete con él a dar todo de tu parte para alcanzar lo que tu generación necesita ver en ti.

No permitas que la vida se te vaya sin avanzar. Decide hacer algo. Puede ser sencillo. Puede tomar cinco minutos. No importa si es pequeño o muy grande. Lo que sí es crucial es que tomes el timón de tu vida con la ayuda del Espíritu Santo y empieces a avanzar hacia el destino que Dios trazó para ti.

Cada vez que un barco se aleja de tierra firme y navega mar adentro, asume incontables riesgos, pero comienza a acercarse cada vez más a su destino. Además, para eso fueron construidos los barcos, para navegar.

De la misma manera, cuando entregas tu vida a Jesús y permites que él guíe tus acciones y decisiones, te arriesgas a salir del promedio y descubrir nuevos horizontes.

¡Avanza! ¡Llegó la hora de la acción! ¡Cada pequeño paso te acerca a lo que quieres!

¡Anímate! ¡Después de los riesgos, llegan las recompensas!

DEFINIENDO UNA IDENTIDAD SALUDABLE:

1-¿Cómo desarrollar una identidad sana?
- Asume tu posición como hijo de Dios.
- Reconoce que eres acepto en él.
- Desarrolla el amor y el perdón hacia los demás.
- Entiende que no estás exento de errores.

2-¿Cómo vencer las presiones?
- No descuides tu vida íntima con Dios.

- Renueva tu mente a través de la lectura bíblica y la oración.
- Define tu actitud de antemano.
- Haz un compromiso con Dios.
- Rehúsate a comprometer tus principios.
- Decide vivir una vida anclada en la verdad.
- Desarrolla un fuerte vínculo de amistad con otras personas con tus mismas convicciones.

3-¿Qué hacer con los contratiempos?

- Espéralos: Porque sí o sí aparecerán, que no te tomen desprevenido.
- Deséchalos: No les des lugar en tu mente, ni espacio, ni tiempo.
- Defínete: Asume de antemano tu postura y compromiso con Dios, después será tarde y te será muy difícil.

DECIDIDOS

CAPÍTULO III

DE HÉROES A VILLANOS

Luego de ser hallados diez veces mejores que todos los magos del imperio, y de haberse ganado una inigualable reputación y prestigio, estos jóvenes enfrentan una situación que pone en riesgo la buena imagen y opinión que habían cultivado. Los abrazos de felicitaciones, las condecoraciones y los elogios de todos los personajes más influyentes del imperio se hicieron sentir al ver el resultado que estos jóvenes consiguieron a diferencia de los demás, pero ahora todo eso pende de un hilo, de una decisión.

Detente a leer el capítulo 3 de Daniel, y luego imagina esta escena: un rey muy poderoso y egocéntrico, una orden real y tres jóvenes. Ahora conjuguemos estos tres elementos y tendremos a un rey que mandó construir una estatua gigante para que todo pueblo, nación y gente de toda lengua conquistados por Babilonia se inclinen ante ella. Este era el decreto que él les había enviado. El que no obedecía sería lanzado a un horno de fuego muy caliente. En una situación así seguro sería muy difícil escoger honrar sólo a Dios y no a otro. Seguro que el temor y la inseguridad de perder todo y morir invadían la mente de aquellos que no simpatizaban con la orden real. Sin embargo, en medio de aquella tensión masiva, aparecen tres jóvenes que hasta ese momento habían gozado de muy buena fama ante los ojos del rey: Sadrac, Mesac y Abednego. Jóvenes que confiaron en Dios y, desafiando la orden real, optaron por la muerte antes que honrar o adorar a otro dios que no fuera el suyo.

La pregunta que me surge es ¿de qué material estaban hechos? Como joven sabes que ante una presión, sea ésta de tus amigos, familiares, de la persona que te atrae o de quien estás enamorado, de los medios de comunicación o la moda quizás, existe siempre el riesgo de que cedas y, aunque sepas que luego lo lamentarás, dejes de lado tus convicciones.

Ante una presión que involucraba sus vidas, estos tres jóvenes estaban marcando una línea entre lo que todos hacían y lo que verdaderamente era correcto. Piensa por unos instantes en la presión que tus amigos o amigas ejercen sobre ti cuando saben que te has determinado a no tener relaciones sexuales hasta el momento del matrimonio. Se burlan de ti, te ponen en situaciones donde te ridiculizan y quizá por momentos sientas que eres de otro planeta, pues todos lo hacen menos tú. Estos tres jóvenes tuvieron la presión de que si todos lo hacían, en realidad quizá no había nada de malo en ello, al punto de que nadie se daría cuenta de la decisión que tomaran. Sin embargo, más allá de lo que otros hicieran, tomaron sus propias decisiones en base a sus convicciones y no a las convicciones de los demás. De ahí la importancia de que te rodees de amigos que ejerzan una buena influencia en tu vida y que afirmen tus convicciones. No que te salgas del mundo, sino que ante la presión sepas que no eres el único que ha decidido no postrarse ante otro dios que no sea el verdadero. Estos tres amigos se apoyaron el uno al otro, y de ahí se fortalecieron para enfrentar la situación.

Ahora bien, en el versículo 13 ¿qué de estos jóvenes fue lo que tanto impresionó al rey?, el rey Nabucodonosor, muy enojado, los mandó llamar y les preguntó: «¿Es verdad que no honran a mis dioses ni adoran a la estatua de oro que he mandado erigir?». En una situación similar, ¿cómo te sentirías, cuál sería tu primera reacción? Tienes frente a ti a la persona más poderosa de aquel tiempo, con su mirada clavada en tí, y con sus dedos grandes apuntando a tu rostro. O lo podemos contextualizar a tu realidad:

ESTOS TRES AMIGOS SE APOYARON EL UNO AL OTRO, Y DE AHI SE FORTALECIERON PARA ENFRENTAR LA SITUACION.

dad: ahora, no es un rey sino son tus amigos que te invitan a salir a una discoteca para tomar, fumar, bailar y pasar un rato divertido con alguna persona que conocerás. Los tienes delante de ti, todos te hablan y tratan de persuadirte para que los acompañes. Piensas por un instante que si vas no cederás a sus invitaciones o insinuaciones, pero de repente vuelves en tí y afrontas tu realidad: sabes que si vas posiblemente accederás a sus propuestas. La decisión de mantenerte firme en tus convicciones es lo que marcará la diferencia entre vivir una vida promedio y ser uno más del montón de jóvenes que hacen lo mismo, o conocer el propósito de Dios para tu vida.

MIENTRAS MÁS CONOCES A DIOS, MÁS CERTERAS SERÁN TUS DECISIONES.

Jamás podrás conocer la voluntad de Dios si te encuentras haciendo lo que todos hacen y viviendo una vida que no esté dispuesta a asumir el riesgo de escoger agradar a Dios siempre, aunque en ocasiones tengas que pagar el precio de soportar la burla y la soledad. Recuerda, Jesús mismo lo soportó porque sabía que valía la pena, se burlaron de él y hasta sus amigos lo dejaron solo, y aun así siguió hacia la cruz para que tú seas libre de toda esclavitud al pecado, sano de toda enfermedad y libre de toda condenación.

Soporta la presión. Asume riesgos. No temas, Dios está de tu lado y prometió que siempre lo estaría. Tienes el poder de su Espíritu Santo que te hace fuerte en tus debilidades y el mapa de ruta que es su Palabra para que te guíe.

Los tres jóvenes estuvieron dispuestos a enfrentar no simplemente la soledad o la burla sino, la misma muerte. «¡No hace falta que nos defendamos ante Su Majestad! Si se nos arroja al horno en llamas, el Dios al que servimos puede librarnos del horno y de las manos de Su Majestad. Pero aun si nuestro Dios no lo hace así, sepa usted que no honraremos a sus dioses ni adoraremos a su estatua», afirmaron. Con estas palabras reflejaron su dependencia de Dios y su desarraigo de las cosas materiales y de las personas. Una situación tan extrema lo único que hizo fue afirmar aun más sus convicciones. Si Dios los salvaba o no, no era el meollo de la cuestión; más allá de eso, su amor por Dios superaba hasta a la muerte misma.

Al igual que nuestros tres héroes, ¿es tu amor por Dios tan real que estarías dispuesto a que tus amigos te dejen de lado, a que quizás pierdas a tu novio o novia, o a que oportunidades que pensabas eran buenas se desvanezcan? ¡No desesperes!

CUANDO LE DAS LO MEJOR A DIOS, ÉL NO TE DARÁ MENOS DE LO MEJOR.

Revélate contra el sistema de este mundo y sé parte de ese ejército de héroes que Dios está alistando para producir una contracultura. Permite que Dios te confronte a través de su Palabra, sé libre de todo aquello que no puedes soltar y que sin darte cuenta te mantiene amarrado. Escucha tus propios argumentos y pásalos por el filtro de la Palabra de Dios. Decídete a ser el primero en cambiar.

La decisión de estos héroes judíos sigue teniendo efecto hoy en las vidas de muchos jóvenes que miles de años después leen sus historias y son inspirados por su valor y su audacia. Estos muchachos que decidieron no ceder ante la presión que la cultura ejercía sobre ellos y que resolvieron actuar con decisión y firmeza.

La hora de una nueva revolución ha llegado. Nabucodonosor dará la orden, el director musical hará sonar la orquesta, algunos te observarán, otros te criticarán. Muchos se doblegarán al sonar la melodía del espíritu de este siglo; pero una vez más habrá una nueva generación de héroes que se revelarán. Para muchos, estos se convertirán en villanos, pero vencerán el qué dirán y se mantendrán firmes e inquebrantables ante la inminente presión. Decidirán obedecer solo a Dios y no dejarse llevar por la apremiante intimidación. *Y si te fijas bien en la escena, ¡¡¡entre esos héroes rebeldes estás tú!!!*

TU FUTURO EN EL PRESENTE Y LA MÁQUINA DEL TIEMPO

Tus decisiones de hoy afectarán y traerán consecuencias en tu futuro, por eso debes ser cauteloso al tomarlas, ya que son como semillas que mañana darán fruto y se multiplicarán.

Así como del potencial de una semilla pueden salir cientos de frutos, del potencial de una decisión vendrán cientos de consecuencias positivas o negativas de acuerdo a lo que hayas decidido.

NUESTRAS DECISIONES VIAJAN A TRAVÉS DEL TIEMPO, Y LLEGAN A NUESTRO FUTURO CON LAS MALETAS CARGADAS DE CONSECUENCIAS. ESTAS CONSECUENCIAS PUEDEN SER BUENAS O MALAS, SEAN CUALES FUEREN LLEGARÁN A NUESTRO FUTURO.

El Dr. Myles Munroe en su libro *«Los principios y el poder de la visión»* menciona que: *«Nuestras vidas son la suma total de las decisiones que tomamos cada día».*

De hecho, somos el resultado de las decisiones que hemos tomado en los últimos años y estamos viviendo las consecuencias de las decisiones que hicimos cinco o diez años atrás.

Es imprescindible que entiendas que a través de tus decisiones de hoy, definirás y forjarás el futuro que vas a tener. En este punto debes asumir que tu futuro está en tu presente. Lo que hoy decidas determinará tu futuro.

Piensa en esto, si hoy estás sentado frente a tu computadora viendo Internet y de repente se abre una página pornográfica ante ti, tienes dos opciones: una, cerrarla y poner un filtro para que ya no vuelva a ocurrir, y otra, mirar por curiosidad. Sin darte cuenta, cada vez más te habrás involucrado en el vicio de la pornografía, lo que a su vez te llevará hacia la masturbación, para luego verte inmerso en relaciones sexuales ilícitas. ¿Qué significa esto? Que estarás enredado en el pecado, y que aunque creas que el matrimonio solucionará esa adicción, no lo hará. La adicción hará estragos en tu vida y en la de tu familia. En este caso tuviste dos salidas, ¿cuál de ellas crees que te evitará un futuro incierto y doloroso? Creo que la respuesta es obvia. Tu futuro depende de las decisiones que hoy escojas.

Esto se pone aun más interesante cuando logramos divisar que nuestras decisiones afectan no solo nuestras vidas, sino a las personas que nos rodean en el momento en que estamos decidiendo. Y lo más sorprendente de todo es saber que también tienen que ver con las personas que estarán con nosotros en el futuro aunque aún no lo veamos. De seguro las consecuencias de nuestras decisiones de hoy los alcanzarán más adelante en el tiempo.

Cuando tomamos la decisión con Karen de casarnos, planificamos nuestras vidas y los meses de noviazgo antes de que llegue la fecha elegida. Podíamos dimensionar medianamente que esas decisiones nos afectarían a nosotros y a quienes nos rodeaban en ese momento.

Hoy, a través de los años, podemos entender que en el plan de Dios para nuestras vidas, esas decisiones de 1998 aún siguen teniendo una fuerte connotación en rostros que no conocíamos en aquel entonces, en nombres que aún no habíamos oído, pero que en el plan de Dios ya estaban presentes cuando decidíamos, incluyendo a Giannina, nuestra hija.

Esos rostros y esos nombres son personas que hoy conocemos, que están a nuestro alrededor. Son amigos con quienes trabajamos juntos, que están a nuestro lado, que comparten con nosotros, que están viviendo hoy el desenlace de decisiones que tomamos hace más de diez años y que aún siguen trayendo derivaciones en nuestro entorno y en sus vidas.

Cuando empezamos a mirar la vida desde esta perspectiva, podemos comenzar a darle la importancia que merece a cada decisión que debemos tomar. Esto, a su vez, nos ayudará a considerar las derivaciones generacionales que podrán alcanzar nuestras decisiones de hoy.

DE SEGURO LAS CONSECUENCIAS DE NUESTRAS DECISIONES DE HOY LOS ALCANZARAN MAS ADELANTE EN EL TIEMPO.

La mayoría de los adolescentes no se detienen a pensar en su futuro; lo ven como un suceso muy lejano. No consideran las implicancias de sus decisiones. Solo viven el momento, creyendo que a su lado puede explotar una bomba que destruirá todo a su alrededor pero que no los afectará. Sienten que son invencibles, cuando en realidad las decisiones que toman a esta edad determinarán el tipo de vida que tendrán más adelante.

Un ejemplo claro de esto es aquel joven que se inició en el consumo de drogas cuando un día unos amigos del colegio le ofrecieron marihuana. Él pensó que probarla no le causaría ningún daño, creyó que no le produciría adicción. Hasta que un día se dio cuenta de que ya no podía estar sin la sustancia. Se volvió agresivo y conflictivo, con tendencias depresivas, capaz de hacer cualquier cosa para conseguir dinero y adquirirla. Indudablemente su decisión de consumir drogas no solo tuvo consecuencias negativas para él. También se vieron afectadas las personas que le rodeaban, especialmente las de su entorno más cercano, como familiares y amigos. No fue solo su vida la que estuvo en juego. Considera su carrera profesional, la posibilidad de acceder a un buen empleo, de formar una familia, y las oportunidades inimaginables que se le podrían haber presentado en su vida.

Permíteme compartir contigo una historia que me hizo comprender hace muchos años que nuestras decisiones en el presente, viajan en la máquina del tiempo, trayendo consecuencias y determinando nuestro futuro y el de los que nos rodean.

Cuenta la historia que hace muchos años en Escocia había un pastor de 80 años de edad aproximadamente, que había sido pastor por 50 años. Y una mañana llegaron a él los líderes de su denominación para hacerle preguntas sobre algunas inquietudes que tenían. Le preguntaron: «¿Cuántos años tienes?». A lo que el anciano respondió: «Ochenta». Con una expresión de sorpresa en sus rostros exclamaron: «¡Estás viejo!», soltando una sonrisa irónica.«¿Por cuántos años has pastoreado?», dijeron. «Cincuenta años», contestó el pastor. «Eso es mucho», replicaron.

Luego de unos segundos de silencio los líderes se miraban unos a otros como esperando que alguien tome la palabra, y uno de ellos se dirigió al experimentado pastor diciendo: «Creemos necesario que te retires, creemos que tu tiempo de servicio ha concluido. Buscaremos otro líder que tomará tu lugar y llevará adelante la obra a partir de ahora».

El anciano no hizo esperar su respuesta suplicando que lo dejaran seguir pastoreando. «Esta es mi vida, es lo que amo y para lo que he nacido», suplicaba. Los líderes mantenían su postura indicando que la decisión ya había sido tomada. El veterano pastor insistía en que le dieran la oportunidad de seguir.

Uno de los tres líderes eclesiásticos visitantes preguntó:
«¿Cuántos nuevos convertidos tuviste el año pasado?». El curtido pastor con un brillo inusual en sus ojos respondió: «Uno». «¿Solo uno? ¿Nada más que uno? En todo el año, ¿solo uno?», replicaron.
El viejo con mucha tranquilidad respondió: «Sí». «¿Y

quien fue ese nuevo convertido?», preguntaron. Y él dijo: «Un niño de 9 años».

Los líderes no podían ocultar su asombro y frustración ante el informe del pastor.Pensaban: ¡Qué fracaso! En todo un año ganó solo un niño. ¿Y qué puede hacer un niño? No tiene dinero, por lo tanto no puede ofrendar y mucho menos diezmar, es solo un niño. «Vamos a hacer que te retires», afirmaron.

Pero antes de irse uno de ellos preguntó, solo por curiosidad, quién era ese niño. Y el anciano respondió: «Un huérfano; no tiene padre ni madre, entonces lo invité a que venga a vivir conmigo, y todo este año lo he discipulado, he invertido en él todo lo que soy».

Los visitantes se retiraron murmurando: «El viejo está loco, debe dejar el pastorado cuanto antes», e hicieron que se retirara y lo enviaron a su casa.

Pero la historia no termina ahí. El pastor siguió invirtiendo en su pequeño discípulo.

El niño creció y se convirtió en un hombre de bien. Su nombre, ROBERT MOFFAT. Jamás se olvidó de su pastor. Este anciano se convirtió en su modelo e inspiración. Moffat viajó a África, donde su nombre es reconocido por todas partes. Fue el primer europeo en llevar las buenas nuevas de Jesucristo a todo el sur de

África. Hasta la fecha el hospital que lleva su nombre sigue en aquellas tierras, todo por un veterano pastor que discipuló a un niño.

La historia continúa y no queda ahí. Robert Moffat al recorrer África pudo ver miles de aldeas donde nunca había llegado el evangelio de Jesús.

A su regreso Moffat volvió con una inquietud en su corazón. Y en la primera oportunidad compartió con sus estudiantes acerca de África, un territorio misterioso, cuyo interior era todavía desconocido. Los mapas de ese continente tenían en el centro enormes espacios en blanco, sin ríos y sin sierras. Hablando sobre África Moffat dijo: «Hay una vasta planicie al norte, donde he visto en las mañanas de sol el humo de millares de aldeas donde ningún misionero ha llegado todavía».

Conmovido al oír hablar de tantas aldeas que permanecían todavía sin el evangelio un joven respondió: «Iré inmediatamente para África». Hoy el mundo conoce el nombre de aquel joven, nacido en Escocia: David Livingstone, explorador, médico y misionero.

A fin de aprender los idiomas y las costumbres de los pueblos Livingstone viajaba y vivía entre los indígenas predicando las buenas nuevas.

En una comunidad llamada «Mabotsa» fue atacado por un león, salvándose de milagro. En un pueblo llamado Curuma conoció a la hija de Robert Moffat con quien se casó y juntos sirvieron a Jesús en África. Descubrió lagos, ríos (entre ellos el río más grande de África oriental, el Zambeze) y también las magníficas Cataratas de la Victoria. Hoy es reconocido por todas partes, y ciudades y monumentos llevan su nombre.

Padeció más de treinta fiebres malignas en las selvas de África. Aprendió varios idiomas. Trabajó ahí 35 años aproximadamente. Varias naciones fueron cambiadas por un joven que entregó todo por Dios.

Los africanos lo amaban. Él decía: «Yo veré pocos convertidos, pero seguiré trabajando. Abriré caminos, para que misioneros vengan y traigan las buenas nuevas. Pero si yo no sigo trabajando la siguiente generación no podrá venir. Vendrá una generación que hablará el evangelio a puertas abiertas y van a ver multitudes recibiendo a Jesús».

Cuando sus días se iban acabando llegó a la aldea de Chitambo, en Ilala, donde Susi, su fiel colaborador, hizo una cabaña para él. En esa cabaña, el 1ro de mayo de 1873, Susi encontró a su bondadoso maestro, de rodillas, al lado de su cama, muerto. ¡Oró mientras vivió y partió de este mundo orando!

Sus dos fieles compañeros, Susi y Chuman, enterraron el corazón de Livingstone debajo de un árbol en Chitambo, secaron y embalsamaron el cuerpo y lo llevaron hasta la costa, viaje que duró varios meses, a través del territorio de varias tribus hostiles.

Durante los treinta años que pasó en África, nunca se olvidó del propósito que tenía de llevar a Cristo a los pueblos de ese oscuro continente. Todos los viajes que realizó, fueron viajes misioneros.

Grabadas en su tumba se pueden leer estas palabras:

«EL CORAZÓN DE LIVINGSTONE PERMANECE EN EL ÁFRICA, SU CUERPO DESCANSA EN INGLATERRA, PERO SU INFLUENCIA CONTINÚA».

¿Sabes por qué ocurrió todo eso?

Por un anciano pastor Escocés de 80 años, que cuidó y discipuló a un niño huérfano de 9 años. *Su decisión de mantenerse firme, e invertir en la vida de un niño, provocó un cambio de pronósticos, y de un aparente fracaso se gestó la transformación de todo un continente.*

Piensa en lo que hoy te corresponde a ti decidir... ¿Hasta dónde afectarán tus acciones? ¿Las vidas de quiénes influenciarás? ¿Qué historia escribirás?

TRANSFORMADORES, REVOLUCIONARIOS, REFORMADORES

Tus decisiones tienen que ser guiadas por el hambre de generar un cambio, marcar una diferencia y provocar una revolución.

En cierta ocasión el presidente norteamericano Teodoro Roosevelt dijo: «Todavía no ha habido una persona en nuestra historia que haya llevado una vida cómoda y cuyo nombre sea digno de recordar». Aunque han pasado muchos años desde que lo afirmó, estas palabras pueden ser aplicadas a nuestros tiempos. Si no estás dispuesto a dejar tu zona de comodidad, difícilmente puedas crecer y realizar algo que sea significativo para ti y para otros.

Permíteme compartir contigo algunas historias de hombres y mujeres que renunciaron a su bienestar, su familia, sus amigos, su reputación, y hasta a la vida misma por la causa que los apasionaba. Te daré ejemplos concretos de personas que lo dieron todo por Dios y que provocaron una transformación en su época, reformaron la educación, conmovieron sus comunidades y pueblos, trastornaron la cultura de sus países, y a causa de las decisiones que tomaron, han afectado hasta nuestros tiempos.

TODO O NADA

En su libro *«Conocido en el infierno»*, Junior Zapata nos cuenta la historia de misioneros que iban al África a principios del siglo XIX. Cuando estos respondían al llamado de Dios con «Heme aquí, yo iré Señor» asumían una decisión indeclinable y de por vida.

Lo tomaban tan en serio que sus pertenencias no las empacaban en cajas o valijas. Las empacaban en ataúdes porque sabían que si acaso regresaban, lo harían muertos. Y ese es el precio de decidir servir a Dios.

Esa clase de jóvenes es lo que nuestra generación necesita. Esa clase de compromiso es la que Dios está pidiendo de ti. Aquellos que servimos a Dios sabemos que la vida te puede moler o te puede pulir, dependiendo del material con que estés hecho.

EL LLAMADO PARA SERVIR A DIOS ES PARA TODOS, PERO NO PARA CUALQUIERA.

El llamado para servir a Dios es para todos, pero no para cualquiera. No todos se animan a pagar el precio de mantenerse firmes e indeclinables en sus decisiones. La consigna es permanecer invariables en el llamado de Dios aun cuando las cosas no vayan como lo esperábamos.

Posiblemente hoy el oír la invitación que te hace

Dios para que respondas a su llamado no implique que tu vida corra riesgo de muerte, me refiero a muerte física. Pero es importante mencionar que sí experimentarás otros tipos de muertes. Morir a tus deseos, a tu voluntad, a tus sentimientos, dejar de lado tus planes para seguir los de Dios y entregarle tus sueños.

Quizás te parezca poco atractivo responder al llamado de Dios considerando esto, lo cierto es que cuando mueres a ti mismo permites que Cristo viva en ti (Gálatas 2:20), que él tome el control de tu vida y que te guíe a tomar las decisiones correctas.

Al igual que aquellos misioneros, no te aferres a nada en este mundo, solo aférrate a dedicar tu vida entera a la causa de Jesús. Animarte a pagar el precio de responder a su llamado en ocasiones puede que te resulte incómodo ya que requiere disciplina, entrenamiento y dedicación. Tienes que estar dispuesto a enfrentar los cambios y a asumir riesgos, y es en este punto cuando el precio se eleva demasiado, que muchos dan un paso al costado y dejan de crecer.

Pero no olvides que cuando lo único que te importa es hacer la voluntad de Dios conmueves su corazón, y entonces se cumplirá lo que dice Deuteronomio 28:1, que las bendiciones de Dios te seguirán y te alcanzarán.

Cuando te ocupas de los negocios de Dios, él se ocupa de los tuyos. Dicho de otra manera, cuando la prioridad en tu vida es responder a su llamado, en todo lo demás que sea importante para ti tendrás éxito (Mateo 6:33). Pero esta es una causa en la que sólo tienes una opción: entregar: todo, o nada.

GOLPES EN EL SUELO QUE CONMOVIERON LOS CIELOS

Mientras Escocia se hundía en el espeso fango del pecado, la avaricia y la promiscuidad (que eran como el pan de cada día en bares, discotecas y lugares nocturnos de aquel país), a solo pasos de distancia se encontraba un decidido, inquieto y quebrantado hombre de Dios. Él, en su pequeña habitación, buscaba insistentemente a Dios, clamando, golpeando con súplicas de intercesión las puertas de los cielos, con sus puños cerrados golpeando el piso de madera y con la frente al suelo suplicando: «Dame Escocia o muero».

Esa persistente intercesión tuvo tal efecto en los cielos que la respuesta fiel de Dios no se hizo esperar. Fue tan contundente, que la jerarquía de ese tiempo decía: «Le temo más a las oraciones de John Knox que a todos los ejércitos que pueda haber en el mundo».

John Knox estuvo decidido a hacer algo por su nación, no se conformó a que todo siguiese igual, y a permanecer indiferente ante la necesidad moral en su país.

NADIE PUEDE SABER QUÉ PUEDE PASAR CON UN HOMBRE QUE SE DOBLA ANTE DIOS.

TRES MONEDAS Y JESÚS

Se acercaba con pasos cortos. Era una mujer de baja estatura y muy delgada que llegaba a Calcuta (India) cuando los agentes de migración, requiriendo sus documentos de identidad, le preguntaron: «¿Cuál es su nombre?». Ella respondió: «Soy Teresa». «¿Y cuál es el propósito de su viaje?», indagaron. Ella dijo con mucha firmeza: «Vengo a ayudar a India». Uno de los hombres la miró fijamente, replicando: «¿Tiene dinero?». Ella tomó su bolso y dijo: ¡¡¡Tengo tres monedas y tengo a Jesús, puedo hacer cualquier cosa!!!.

En una cultura hindú como en la de aquel entonces, una mujer no tenía lugar en la sociedad, mucho no podía hacer. Pero aun así la dejaron pasar. Tal vez por las tres monedas más que por lo que podía aportar a la sociedad. Además, era una simple desconocida nacida en Skopje, Albania. Nada alteraría el curso de la historia.

Pero con el transcurrir de los años, antes que ella muriera, cada presidente o ministro en todo el mundo sabía quién era ella. La que con tres simples monedas y Jesús afectó al mundo entero, porque decidió ser fiel a Dios y ayudar a ese pueblo. Cuando decides tomar lo que Dios te dio y permaneces fiel, ocurren cosas que ni imaginaste.

UNO HACE LA DIFERENCIA

Una mañana en un domingo de enero de 1850, en Colchester (Inglaterra) azotaba una tormenta de nieve. Toda la ciudad había sido cubierta, y John Egglen estaba evaluando no ir a la reunión de la iglesia, pero se sentía en el deber de hacerlo ya que era diácono. Así que luego de un rato de luchar con la idea de quedarse en casa, vence la tentación de quedarse, se pone sus botas, su sombrero, un sobretodo y emprende viaje (6 millas) hacia la Iglesia. Va por los caminos tapados de nieve abriéndose paso, y luego de largos minutos por fin llega a su destino.

Al entrar se da cuenta de que otros pocos vencieron los obstáculos y llegaron a la reunión, pero hasta el pastor de la congregación quedó atrapado por la nieve en su casa. Solo había doce miembros y un visitante. Alguien sugirió que cada uno volviera a su casa ya que el pastor no vendría. John no aceptó la propuesta. Habían llegado hasta allí, habría reunión. Además había una visita. Un muchacho de trece años.

LA QUE CON TRES SIMPLES MONEDAS Y JESÚS AFECTÓ AL MUNDO ENTERO

Pero, ¿quién daría el mensaje de la palabra ya

que el pastor no había podido llegar? No había otra alternativa, John era el diácono, le correspondía a él asumir la responsabilidad.

John Egglen nunca había predicado un sermón en su vida. Jamás. No por no querer hacerlo, solo que nunca se presentó la necesidad de hacerlo. Así que entre improvisación y nervios y divagando por algunos versículos, John Egglen comenzó su sermón. No duró más de diez minutos, pero sobre el final del sermón, una convicción y una seguridad inusual se forjaron en sus palabras y en su mirada. Fijó sus ojos sobre el chico de trece años que los visitaba por primera vez y le dijo: «Joven, mira a Jesús, míralo, míralo, míralo» y luego de pocos minutos terminó la reunión. Aparentemente no ocurrió nada especial ese día. Pero dejemos que ese muchacho, ahora hombre, nos cuente lo que pasó: «Sí miré, y allí mismo se disipó la nube que estaba sobre mi corazón, las tinieblas se alejaron y en ese momento vi el sol».

El nombre de ese muchacho era Charles Spurgeon, «el príncipe de los predicadores de Inglaterra».

Tal vez John Egglen nunca supo lo que ocurrió con su improvisado y divagante sermón, pero cuando decidimos dejarnos usar por Dios, él puede usar cosas aparentemente insignificantes para generar los avivamientos más impresionantes.

VERDADEROS PATRIOTAS

Martín Lutero
1483-1546
Lutero da un resumen de lo que es estar totalmente rendido, de esta manera: «Dios creó el mundo de la nada, y siempre que seamos nada, él puede hacer algo con nosotros».

William Tyndale
1434-1536
Encabezó la lista de «los más buscados» por Enrique VIII. Su crimen consistió en haber osado traducir la Biblia al inglés para que la gente pueda entenderla en su idioma. En el mismo momento en que William decide viajar a Alemania para traducir la Biblia, en la hoguera quemaban a un joven por el solo hecho de portar en un papelito la oración del «Padrenuestro» en inglés.

John Bunyan
1628-1688
Autor del «Progreso del peregrino». Bunyan decide pasar sus días en la cárcel, separado de su esposa e hijos. Vivir en una fría celda es el precio que le toca pagar por atreverse a desafiar al sistema religioso en aquella época. Con solo acceder a dejar de predicar, John podría dejar la celda y vivir en libertad, pero elige seguir preso con tal de predicar aunque sea o otros reos.

John Hus

1372-1415

Hus enseñaba *«que el mayor logro del que es capaz un hombre es el de amar a Dios de manera absoluta».*

Eran hombres comunes que respondieron al llamado de Dios...

Estos hombres fueron verdaderos «patriotas» que decidieron entregar todo por la causa del reino de Dios... en tiempos donde pueblos enteros vivían sumergidos en el pecado, la miseria y la indiferencia hacia Dios.

Ahí se encontraban estos inquietos, quebrantados y determinados hombres de Dios... golpeando persistentemente las puertas de los cielos con intersección.

El clamor de estos patriotas retumbaba en los pasillos celestiales... quebrantaron la columna vertebral del sistema religioso de aquellas épocas oscuras... Predicaban el evangelio y sus palabras salían hacia los corazones como flechas encendidas por la misericordia y la gracia de Dios.

...A través de estos decididos héroes de la fe se gestó una obra monumental e impresionante que conmovió el corazón de millones de hombres en el mundo entero.

¿Qué estarías decidido a defender?

¿Por qué estarías dispuesto a luchar?
¿Estarías dispuesto a entregarlo todo?
¿Por qué estarías dispuesto a morir?

El evangelio de Jesucristo será predicado una vez más en las calles. Volveremos a orar en las casas y en los colegios... Enseñaremos la Palabra a las nuevas generaciones... ¡¡¡Libraremos esta batalla!!!

¿Y tú que vas a hacer? Decide ser el protagonista de una nueva historia.

PARA TOMAR DECISIONES CORRECTAMENTE:

•Ordena tus prioridades.
•Dale la importancia que se merece a cada decisión.
•No subestimes las consecuencias.
•Evalúa las condiciones y las consecuencias a corto, mediano y largo plazo.
•Elabora un plan de acción para elegir.
•Observa el cuadro general y luego el área específica.

EL CLAMOR DE ESTOS PATRIOTAS RETUMBABA EN LOS PASILLOS CELESTIALES...

•Investiga acerca de personas que tuvieron que tomar una decisión similar, y las exigencias que afrontaron luego.
•Considera las orientaciones vocacionales y las opinio-

nes de tus padres.

•Busca una o dos personas de confianza que evalúen cómo vas en las decisiones que has tomado.

•Considera a Dios en tus decisiones y busca su dirección.

«EN TODO LO QUE HAGAS HAY UNA DECISIÓN QUE TOMAS. ASÍ QUE RECUERDA QUE AL FINAL, LA RESOLUCIÓN QUE ESCOGES TE HACE SER QUIEN ERES». JOHN WOODEN.

CAPÍTULO IV

DETERMINADOS

MÁS ALLÁ DE TUS SUEÑOS

Lee junto conmigo del capítulo 3 de Daniel:

28 Entonces exclamó Nabucodonosor: «¡Alabado sea el Dios de estos jóvenes, que envió su ángel y los salvó! Ellos confiaron en él y, desafiando la orden real, optaron por la muerte antes que honrar o adorar a otro dios que no fuera el suyo. 29 Por tanto, yo decreto que se descuartice a cualquiera que hable en contra del Dios de Sadrac, Mesac y Abednego, y que su casa sea reducida a cenizas, sin importar la nación a que pertenezca o la lengua que hable. ¡No hay otro dios que pueda salvar de esta manera!». 30 Después de eso el rey promovió a Sadrac, Mesac y Abednego a un alto puesto en la provincia de Babilonia.

En medio de toda la situación en la que viven, Sadrac, Mesac y Abednego logran que sus principios y convicciones prevalezcan a causa de su determinación de honrar y agradar a Dios por sobre todas las cosas.

¿No crees que resulta casi imposible detenerse a pensar en las vidas de estos muchachos sin deslumbrarse ante su carácter, firmeza y constancia? Piensa en las veces que te encontraste ante una situación en la cual esperabas reaccionar con la misma determinación que ellos (tal vez ante algún miembro de tu familia o ante amigos que se burlaban de ti por seguir a Jesús o por haber tomado la decisión de mantener tu pureza sexual) y, sin embargo, simplemente te quedaste calla-

do, o cediste a su presión.

Lo cierto es que todo lo que estos jóvenes habían conseguido no tenía origen solo en esos rasgos sino que su relación con Dios determinó a cada instante su comportamiento y su forma de relacionarse con los demás.

De la misma manera, para que puedas desarrollar y mantener en tu vida el carácter, la firmeza y la constancia, es importante que pongas mucho énfasis en conocer y acercarte más a Dios. No olvides que para lograrlo es vital que leas su Palabra, que mantengas tu tiempo de oración, que te rodees de amigos que lo aman y que desean agradarle; que asistas a una iglesia donde puedas involucrarte en la causa de Dios y donde te ayuden a crecer y a acercarte más a él. Escucha también los consejos de aquellos que velan por ti, sean estos tus padres, líderes o alguna otra persona que refleja una vida entregada al Señor.

Las consecuencias de esa convicción inalterable con que vivían estos tres jóvenes no se hicieron esperar. Pronto, Naducodonosor experimentó y comprobó lo que Dios es capaz de hacer en respuesta a una vida totalmente rendida a él.

Cuando te determines a vivir de acuerdo a convicciones que tienen su fundamento en la Palabra de Dios, tampoco la respuesta se hará esperar: tu familia, tus maestros y tus amigos lo notarán. Al igual que

Nabucodonosor, reconocerán a Dios y lo considerarán en sus vidas. Marcarás la vida de alguien más, le mostrarás que hay mayor recompensa en escoger seguir a Jesús y andar por sus caminos. Por ello, persevera y no te alejes de los principios bíblicos que aprendiste. Recuerda lo que dijo Pablo cuando escribió la carta a los Gálatas: «No nos cansemos de hacer el bien, porque a su debido tiempo cosecharemos si no nos damos por vencidos» (Gálatas 6:9).

Daniel y sus amigos no abandonaron sus sueños, ni claudicaron cuando las circunstancias no fueron favorables. Muchos pudieron criticarlos y burlarse de ellos, muchos pudieron ver la determinación con la que vivían y considerarlo como un «mal negocio». A simple vista, se podría concluir que

NO DESESPERES CUANDO TE ENCUENTRES EN SITUACIONES EN LAS QUE TENGAS QUE SER RADICAL. NO BUSQUES AGRADAR A LAS PERSONAS, CONCENTRATE EN HACER LO CORRECTO.

estaban arriesgando perder todo por una causa en la que no se veía ningún destello de esperanza de salir airosos.

Pero la historia nos muestra que a causa de su

audacia, fueron promovidos a los puestos de mayor influencia en el imperio babilónico, permitiendo que una nación entera conozca el poder de Dios. No desesperes cuando te encuentres en situaciones en las que tengas que ser radical, no busques agradar a las personas, concéntrate en hacer lo correcto, fija tu mirada en Jesús y haz lo que sabes que él esperaría de ti. El rey Salomón hizo la siguiente afirmación: «¿Has visto a alguien diligente en su trabajo? Se codeará con reyes, y nunca será un Don Nadie» (Proverbios 22:29). Cuando eres cuidadoso en hacer lo que Dios te ha dicho, él te honrará y su promoción para tu vida será inminente.

La influencia de estos muchachos fue más allá de lo impensado. Además de la honra y consideración que habían recibido del rey, Sadrac, Mesac y Abednego jamás hubieran imaginado que miles de años después, sus historias inspirarían a millones de jóvenes alrededor del planeta. Esto ocurre sólo cuando Dios nos da un sueño y cuando luchamos por alcanzarlo. Nunca podrás dimensionar hasta dónde puede llegar la influencia del cumplimiento de tus sueños.

«SI HAY ALGO MUCHO MÁS GRANDE Y GRATIFICANTE QUE TUS SUEÑOS, ES LA RECOMPENSA DE HABER LUCHADO POR ELLOS HASTA CONVERTIRLOS EN REALIDAD Y VIVIR LAS CONSECUENCIAS DE ELLOS».

ESTIRPE DE CAMPEÓN

Hace muchos años, tú estabas en una carrera. Todo empezó en un gran salto. No estabas solo, había tres millones de competidores. Partieron todos juntos, pero sólo uno llegaría primero y ganaría la competencia.

Corriste, corriste y corriste con todas tus fuerzas por los túneles, con un solo objetivo... ¡¡¡llegar primero!!! Corriste como nunca, sin parar... y ¡¡¡GANASTE!!! ¿Y sabes qué pasó unos meses más tarde? ¡¡¡NACISTE!!!

Esa situación, aunque no la recuerdes, dejó una huella muy clara y distintiva en ti, para que nunca la olvides; y es que «tienes estirpe de campeón».

Un hombre muy sabio llamado Pablo, que escribió algunos libros de la Biblia, describió que nuestra vida es como una carrera y que en esta carrera todos corren hacia el premio, pero solo uno es el que se lo gana, *y nos anima a correr de tal manera que lo ganemos nosotros* (1 Corintios 9:24).

Por eso, para que puedas asimilar mejor este principio y aplicarlo a tu vida, quisiera compartir contigo algunas características que tienen aquellos que triunfan en la vida, viendo como sus sueños (aun los más lejanos) se hacen realidad.

TU META FINAL

¿Adónde quieres ir? ¿Qué quieres alcanzar? Es vital que antes de alistarte para correr, definas tu meta. Tienes que hacerlo antes del arranque, o de lo contrario ni siquiera sabrás el camino que tienes que recorrer para llegar a tu objetivo. Una vez que lo tengas definido, sólo te ocuparás de prepararte de la mejor manera para llegar al objetivo, sin importar los obstáculos que tengas que atravesar y superar para llegar. Esta es la mentalidad de aquel que sabe lo que quiere y corre para ganar.

Ningún atleta se alista para una carrera pensando que no la va a ganar. Nadie se inscribe en la universidad sólo para aparecer en la lista de inscriptos, sino que los que se inscriben lo hacen creyendo que llegarán a la meta y que al final de la carrera recibirán el título que los acreditará como abogados, arquitectos, ingenieros, médicos o lo que se hayan propuesto alcanzar.

«CUANDO TE METES A UNA CARRERA TIENES QUE HACERLO CREYENDO QUE LA VAS A GANAR».

Hay una resonada frase que ha engañado a muchos por bastante tiempo, hundiéndolos en el fango de la mediocridad, y es aquella que dice: «Lo importante es competir», y con eso es suficiente. En total contraste con la Biblia, que nos lanza el desafío de no solo competir, sino entrenar legítimamente, prepararnos, e ir más allá de la mera competencia. La Biblia nos impulsa y nos desafía a que ¡¡¡compitamos para ganar!!!

Lamentablemente, muchos jóvenes absorbieron esta mentalidad conformista y pesimista, mirando la vida desde una perspectiva negativa. Creyendo que les ha tocado vivir una vida sin oportunidades, lo cual les impide pensar que pueden sobresalir y triunfar en lo que se propongan.

Por ello, es necesario cambiar nuestra manera de ver la vida, y empezar a mirar las

NINGÚN ATLETA SE ALISTA PARA UNA CARRERA PENSANDO QUE NO LA VA A GANAR.

oportunidades cuando otros se fijan en los problemas. Avanzar cuando otros empiezan a retroceder. Saber que la diferencia entre lo ordinario y lo extraordinario es ese «extra». Ver las cosas antes de que ocurran, sin dejar que la situación actual nos afecte al punto de perder de vista la meta final. Estas son cualidades de los verdaderos campeones.

¿Sabías que en el momento de inaugurar el co¬nocido parque de diversiones de Disney, el creador de dicho emprendimiento, Walt Disney, ya había muerto? Y cuando el maestro de ceremonias iba a presentar a su esposa, antes de entregarle el micrófono, dijo: «¡Cuánto le hubiese gustado al Señor Disney ver esta realidad del proyecto!». Seguidamente, ella tomó el micrófono para expresar unas palabras y dijo: «Él ya lo vio antes que todos nosotros».

NO TE DES POR VENCIDO

Con seguridad conoces a un personaje de dibujos animados, de quien podríamos pensar que es un tonto puesto que nunca nada le sale bien; sin embargo, podemos aprender muchísimo de él. Aunque es ficción, tiene una característica que todos necesitamos imitar y desarrollar, y es su determinación.

Escena tras escena el coyote se prepara y planifica muy bien su siguiente fórmula para atrapar al correcaminos. Este, a su vez, siempre anda sin ningún tipo de preocupación, recorriendo a grandes velocidades las rutas de aquella región desértica del sudoeste de Estados Unidos. El coyote ya lo ha intentado miles de veces y de formas distintas, sin lograr resultado alguno más que caer de un precipicio que el correcaminos pudo eludir, o soportar la explosión de algún explosivo marca ACME que no estalló en el momento que lo tenía que hacer. Pero el coyote no se rinde, tantos golpes y caídas no lo desconciertan ni lo desaniman, y en la siguiente escena lo encontramos intentándolo de nuevo, una y otra vez.

Y este rasgo distintivo del coyote, la determinación, de alguna manera es la clave que separa a aquellos que se conforman con haber intentado llegar a sus metas y al fracasar desisten, de aquellos que van más allá de sus simples deseos de querer lograr algo en la vida, quienes pese a las dificultades se esfuerzan al máximo por ser los primeros en llegar y alcanzar absolutamente todo lo que se proponen.

Por eso, por más obstáculos que encuentres en tu camino, no te des por vencido, persevera y sigue buscando la manera de alcanzar tus metas. No desistas, no titubees, sigue intentándolo... y lo lograrás.

Los grandes hombres y mujeres que marcaron la historia y superaron todos los pronósticos en contra, fueron personas que aunque afrontaron grandes adversidades no se rindieron:

Albert Einstein, un científico que cambió la historia con sus estudios y teorías, no aprendió a hablar sino hasta los cuatro años de edad y no supo leer hasta los siete años.

Su maestro de música dijo de Ludwig van Beethoven: «Como compositor no hay esperanzas para él».

Enrico Caruso, un gran cantante de ópera italiano, oyó de los labios de su profesor de música: «No sabes de música, ni siquiera tienes voz».

Walt Disney perdió su primer trabajo como periodista porque consideraron que no tenía buenas ideas y que era poco creativo.

Guillermo Carey, considerado «el padre de las misiones modernas», trabajó como misionero incesantemente durante más de siete años para que el primer convertido en la India se bautizara. Cuando llegó a la India, se bautizara. Cuando llegó a la India, los ingleses le negaron el permiso para desembarcar. Sin embargo, cuando Carey murió, el gobierno ordenó que se izasen las banderas a media asta para honrar la memoria de un héroe que había hecho más por la India que todos los generales británicos. Su cuerpo descansa, pero su vida continúa siendo de gran inspiración para gran parte del mundo.

Robert Morrison fue el primer misionero protestante en China. Cuando decidió ir a ese país no había allí ningún otro misionero. Le asignaron la tarea de traducir toda la Biblia al chino. Y así comenzó a trabajar en el proyecto, ocupándose de hacer una gramática y un diccionario para que los misioneros que fueran después de él pudieran aprender el idioma fácilmente.

Tardó catorce años en traducir la Biblia y dieciséis años en terminar el diccionario de cuatro tomos, con unas cuatro mil quinientas páginas cada uno. Tenía un ayudante chino llamado Tsae A-Ko, quien iba todas las noches a su casa para ayudarlo con el proyecto. Mientras trabajaban, Morrison enseñaba a su amigo chino las verdades del evangelio. Finalmente comprendió que lo que el misionero le enseñaba era la Verdad, y se bautizó en 1814. Tsae A-Ko fue así el primer chino que entregó su vida a Cristo. Morrison tuvo que esperar más de catorce años para poder ver al primer chino convertirse. Durante sus años de ministerio en China no vio muchos convertidos, pero gracias a su valentía y trabajo, hoy ese país tiene millones de cristianos.

WALT DISNEY PERDIO SU PRIMER TRABAJO COMO PERIODISTA PORQUE CONSIDERARON QUE NO TENIA BUENAS IDEAS Y QUE ERA POCO CREATIVO.

Imagínate lo que hubiera pasado si estas personas se hubiesen dado por vencidas pronto. Así como ellos, otros que lucharon contra todo para llegar a sus metas fueron:

Alexander Bell, quien inventó el teléfono; Thomas Edison, inventor del bombillo; Gutenberg, inventor de la imprenta... solo por mencionar a algunos de los miles que vencieron la tentación de desistir.

Estos héroes no se rindieron y dejaron un legado para la humanidad. Ellos vieron sus inventos terminados aun antes de empezarlos. Atravesaron momentos de crisis en los cuales tuvieron que pisar el acelerador a fondo como única opción, o desistir a mitad de camino. Y por esa determinación que solo los campeones llevan en la sangre, miraron lo que todo el mundo ve y vieron increíbles inventos, cuando los demás no vieron absolutamente nada; obviaron los contratiempos y pisaron el acelerador para no auto-descalificarse; se determinaron a continuar, creyendo que alcanzar la meta podía ser una realidad. Y así lo hicieron.

PISA EL ACELERADOR A FONDO

Vivimos en un tiempo como ningún otro en la historia, donde las cosas cambian a una velocidad vertiginosa. Por eso la velocidad es clave en este tiempo.

A veces pensamos que acelerar es muy riesgoso, pero a veces de eso puede depender nuestra seguridad. Si tienes un auto rápido y estás a punto de chocar con otro, acelerando podrías salvarte de esa colisión. No siempre el freno es el único recurso para salvarte de un accidente. De la misma manera hay situaciones en nuestras vidas en las que estamos en crisis y solo acelerando podemos superarlas y seguir avanzando.

A Juan Manuel Fangio, uno de los pilotos más importantes en la historia y el desarrollo del automovilismo de competición en el mundo, le preguntaron en una entrevista cuál era la clave de sus victorias a lo que él respondió que cuando había un choque y todos frenaban o bajaban la velocidad, él aceleraba; ya que el riesgo era el mismo, si frenaba podían colisionar contra él los que venían detrás, pero acelerando podía esquivar lo que tenía enfrente y quedar camino a la meta.

Si estás atravesando una crisis a mitad de la carrera de tu vida, tienes solo dos opciones: frenar y detenerte o pisar a fondo el acelerador para evadir los obstáculos y estar más cerca de llegar a la meta.

Haz una pausa en este momento y examina tu vida. Quizá descubras que aún no has definido bien lo que quieres lograr, que has sido lento para muchas cosas. Así que, abróchate el cinturón, asegúrate de conocer tu mapa de ruta, pisa el acelerador a fondo y no te distraigas por nada en el camino que pueda desviarte de la meta final.

RECUERDA QUE LLEVAS ESTE SELLO DIVINO EN TU ESCUDERÍA: «ESTIRPE DE CAMPEÓN».

EL PRECIO DE ALCANZAR NUEVOS HORIZONTES

Al momento de escribir estas líneas, estoy en un vuelo saliendo de Arizona (Estados Unidos) rumbo a mi país, luego de unos días en los que tuve el privilegio de compartir en un seminario intensivo de capacitación y entrenamiento para líderes juveniles en Hermosillo, al norte de México. Al terminar de disertar, los anfitriones me obsequiaron una imponente águila tallada en una madera típica de la región llamada «palo fierro». En verdad, es una obra maestra, su tallado con acabados perfectos es impresionante. Muy pronto luciré este obsequio en la sala de mi casa. Al observarlo y al escribir este capítulo encuentro mucho en común con lo que deseo comunicarte a través de estas líneas.

Por siglos, el águila fue considerada símbolo emblemático de poder, nobleza y excelencia. Además de esto, es el ave símbolo nacional de varias naciones en el mundo. Es interesante observar que Dios utiliza la figura del águila para referirse a sí mismo, y para enseñarnos acerca de cualidades que pueden ser aplicadas a nuestra manera de vivir.

Te sorprenderá todo lo que podemos aprender del águila en cuanto a su visión, su cuidado, el respeto del territorio, su nido, su vuelo y muchas cosas más. Pero quisiera detenerme en una etapa muy peculiar de su vida, y que creo es un ejemplo válido para todos nosotros.

¿Sabías que en la vida del águila llega un momento muy traumático en el cual comienza a morir? En esta etapa de su vida su pico tiene un desarrollo desproporcionado al punto de que crece tanto que el ave no puede abrirlo. Con el correr del tiempo, el águila sabe que en esa situación sus días están contados. Es el momento de luchar por seguir viviendo.

Agreguémosle a esto que las plumas se le están cayendo y que su vuelo no es el mismo, no puede ver con claridad y tampoco puede alimentarse. Imagínate ver en estas condiciones a un ave tan imponente como lo es el águila. Ahora bien, la pregunta es: ¿qué ocurre en esa fase de su vida?

El águila sube a la montaña rocosa más elevada. Cuando encuentra un lugar solitario y una roca en lo más alto, decididamente se lanza de frente contra ella. Vuelve a tomar impulso y a lanzarse una y otra vez contra la roca, hasta reventar su pico. En ese momento, si viéramos al águila pensaríamos que se

TE SORPRENDERÁ TODO LO QUE PODEMOS APRENDER DEL ÁGUILA EN CUANTO A SU VISIÓN Y MUCHAS COSAS MÁS.

está matando, porque tiene sangre por todos lados, las alas golpeadas y las plumas se le van cayendo. De igual manera, sigue estrellándose contra la roca hasta que el pico se rompe por completo. Es increíble observar este panorama, luce mal y abatida. Sin embargo, en su corazón está la determinación de seguir viviendo.

Pasado un tiempo comienzan a brotar y a renovarse su pico y sus plumas; busca alimento y comienza a recobrar fuerzas.

Al poco tiempo se lanza al abismo y vuelve a volar y a surcar nuevos horizontes con la majestuosidad que le caracteriza a su especie. Este proceso se conoce como «la renovación del águila».

Ahora bien, en tu vida habrá momentos en que las cosas saldrán mal, la presión será fuerte, y desearás tirar la toalla. Sin embargo, en cualquiera de esas situaciones tendrás que anclarte al propósito de Dios, determinarte a seguir contra todos los pronósticos y de manera ineludible pagar el precio de tus convicciones.

La determinación de Daniel lo llevó al éxito y a sitiales de influencia y privilegio en cuatro reinos; la determinación de David le dio la victoria frente al gigante; su determinación hizo de José un gobernador en Egipto; por su determinación Ester salvó a su pueblo sin importar el precio ni las consecuencias.

¿Cuáles son tus enfrentamientos hoy? ¿Cuáles son aquellas situaciones que te desaniman y quieren empujarte a desistir?

Haz una pausa en este momento y detente por un instante a reflexionar sobre estas preguntas. En primer lugar, identifica cuáles son los obstáculos que tienes por delante, qué situaciones tienes que enfrentar día a día. Luego, escríbelos en un papel y en oración pídele a Dios que te llene del poder del Espíritu Santo y te dé las fuerzas para continuar.

SUEÑOS EN BICICLETA

Wilbur y Orville, más conocidos como «los hermanos Wright», han quedado grabados en la historia de la humanidad por su magnífico aporte como pioneros de la aviación en los Estados Unidos, aunque en sus inicios nadie hubiese pensado que podrían llegar a descubrir algo relevante para el mundo de aquel entonces.

Cuenta la historia que cuando eran niños Wilbur y Orville recibieron un regalo de su papá, el reverendo Milton Wright. Era un juguete que tenía una hélice, llamado *planóforo*; el mismo era propulsado con una tira de goma que se elevaba hasta que la hélice dejaba de girar. El pequeño ingenio volador fue inventado por el francés Alphonse Pénaud.

Así, una y otra vez, veían cómo su juguete era impulsado hasta los aires, despertando en ellos la curiosidad por el «arte de volar». Este pequeño regalo empezó a estimular su capacidad de inventiva.

Estos niños crecieron con esa curiosidad en sus vidas, que no pasaba de un vago recuerdo de niñez. Pero con el correr del tiempo, de simple curiosidad empezó a convertirse en un creciente interés en volar, y en una fuerte inclinación hacia las maquinarias y la mecánica.

En su juventud solo tuvieron una capacitación equivalente al nivel de bachillerato. Su negocio familiar era una imprenta donde editaban un diario llamado West Side News. Pero cuando observaron la aparición de las primeras bicicletas en el mercado, surgió en ellos el deseo y el entusiasmo de ingresar en el rubro, al punto que dejaron la imprenta a cargo de un amigo que les ayudaba y en 1893 crearon la Wright Cycle Co., en su pueblo Dyton, Ohio.

Wright Cycle Co. era un taller para la reparación, fabricación y venta de bicicletas. El negocio comenzó a crecer y mejorar, lo que los llevó a optar por el diseño de sus propios modelos de bicicletas en lugar de solo vender lo que otros proveedores les daban. De esta manera podían desarrollar sus dotes para la mecánica, en las que debían atender asuntos importantes como el diseño, la física, el equilibro, la resistencia del viento, entre otros factores importantes para fabricación de los biciclos.

Esto a su vez les permitió financiar aquel sueño de niñez, al que empezaron a dedicarse en 1899. Comenzaron a realizar investigaciones y a contactarse con personas con experiencia en todo lo relacionado con el vuelo. Entonces, empezaron a construir y diseñar planeadores, biplanos y cometas. Con el correr de los años se acercaron al emprendimiento del vuelo soñado.

Se enteraron de los trabajos de Otto Lilienthal, quien logró vuelos con alas planeadoras. Comenzaron a imitar sus proyectos creando artefactos de similares proporciones, y se contactaron con el *Smithsonian Institute*, al cual solicitaron todo tipo de información que les ayudase a enriquecer sus proyectos. El instituto les proporcionó información sobre los trabajos de Langley, de Lilienthal y Mouillard, grandes entendidos en la materia. Pero a medida que iban imitando los modelos existentes se dieron cuenta de que fracasarían al igual que los creadores de esas fórmulas, así que comenzaron a observar y a estudiar el vuelo de los pájaros. Fue así que, estudiando la creación de Dios, obtuvieron la ciencia que más adelante los acercaría a un modelo de aviación que funcionara.

ESTUDIANDO LA CREACIÓN DE DIOS, OBTUVIERON LA CIENCIA QUE MÁS ADELANTE LOS ACERCARÍA A UN MODELO DE AVIACIÓN QUE FUNCIONARA.

En el año 1901 comenzaron a probar distintos tipos de alas, las cuales adaptaban a sus bicicletas. En su negocio de bicicletas construyeron un túnel de viento para hacer numerosos intentos y pruebas, trabajando incansablemente días enteros, en pos de un sueño que los motivaba a seguir cada mañana.

Sus proyectos se fueron perfeccionando y luego de varios años de intentos, con éxitos y fracasos, tras incansables horas de investigación, frustraciones y unos pocos destellos de esperanza, consiguieron hacer realidad su sueño y el de muchos.

Se afirma que el 17 de diciembre de 1903, en una remota aldea en Kitty Hawk, en los Estados Unidos, a bordo del Flyer I se realizó el primer vuelo en el que el hombre se elevó en una máquina por el aire. La distancia de aquel primer vuelo con motor dirigido fue sólo de aproximadamente 37 metros y, aunque parezca insignificante, marcó el inicio de una nueva era en la historia de la humanidad.

Los dueños de un taller de bicicletas cambiaron el mundo para siempre, ingresando en la historia como los primeros que hicieron volar un avión. Los hermanos Wright abrieron un camino que luego otros siguieron.

Hasta el día de hoy en los aviones se utilizan las características y conceptos de la aeronave diseñada por Wilbur y Orville Wright.

No fue hasta que participaron de algunas exhibiciones de vuelo en Francia, en 1908, que los logros de los hermanos Wright fueron finalmente reconocidos. Al final de 1909, Wilbur y Orville fundaron la compañía Wright Co. para fabricar y vender aeroplanos.

Lo más impresionante de estos determinados y entusiastas jóvenes que marcaron la historia de la humanidad, es que no hubiesen sido los primeros en volar un aeroplano si sus antecesores (que parecían destinados a lograrlo mucho antes que ellos) al final no se hubieran rendido antes de tiempo dejando de hacer realidad sus sueños.

Entre ellos podemos mencionar al Dr. Samuel P. Langley, arquitecto, astrónomo, físico y matemático, creador de un avión a motor llamado *Aeródromo*.

En 1898 Langley recibió la importante suma de 50.000 dólares del Departamento de Guerra de los Estados Unidos para desarrollar un aeroplano tripulado.

Langley había diseñado su propio modelo, pero sus pruebas empezaron a fracasar. Y las críticas de algunos medios importantes no tardaron en aparecer y en algunos casos con mucha dureza.

A pesar de esto Langley continuó trabajando, pero luego de una de las últimas pruebas para elevar un aeroplano por los aires con un hombre a bordo, que finalmente volvió a fracasar, Langley, ya desgastado por la presión y por las críticas, decidió dar un paso a costado y quedar a mitad de camino. No siguió.

En su libro *«El lado positivo del fracaso»*, John C. Maxwell nos comenta lo siguiente:

Más tarde Langley diría: «He logrado lo que me proponía, demostrar lo práctico de los vuelos mecánicos. Para la etapa siguiente, que es el desarrollo comercial y práctico de la idea, es probable que el mundo busque a otros». En otras palabras, Langley se estaba dando por vencido. Derrotado y desmoralizado había abandonado su trabajo de décadas por tratar de volar sin haber visto jamás uno de sus aviones piloteado surcando los aires. Solo días más tarde, Orville y Wilbur Wright, sin educación, desconocidos y sin recursos, volaron su «Flyer I» sobre las dunas arenosas de Kitty Hawk, Carolina del Norte.

Entre algunos impedimentos que tuvieron que superar, resalta una anécdota acerca de la mentalidad de su papá, quien indudablemente tuvo que ejercer alguna influencia sobre sus hijos. Milton Wright, Pastor de la Iglesia Unidad Fraterna en Iowa, había sido invitado y entrevistado por el rector de una universidad de la costa oeste de los Estados Unidos. Entre otras cosas, una de las más llamativas afirmaciones del pastor Wright al ser consultado sobre acontecimientos futuros en el mundo fue:

- Pastor Wright, ¿el mundo se va a acabar?
-Sí, estoy convencido de ello. *El fin no puede tardar en llegar porque, si analizamos bien las cosas, ya se ha descubierto todo lo que había que descubrir. Ya **el hombre ha inventado todo lo que podía inventar.** Eso es señal de que el mundo llega a su fin.*

Además de eso afirmó:

*-Si Dios hubiera querido que el hombre volara le hubiera dado alas. **Los humanos nunca volarán. Nunca.** Volar está reservado a los pájaros y a los ángeles.*

Lo gracioso es que sus hijos, Orville y Wilbur, fueron los flamantes creadores del aeroplano y efectuaron el primer vuelo completo de la historia con un hombre abordo, quienes apenas lograron la hazaña de volar, enviaron un telegrama a su padre contándole la buena noticia. ¡¡¡Lograron que los humanos pudieran volar!!! Lo consiguieron a pesar de todas las predicciones contrarias. Hicieron su sueño realidad.

LOS HUMANOS NUNCA VOLARÁN. NUNCA. VOLAR ESTÁ RESERVADO A LOS PÁJAROS Y A LOS ÁNGELES.

Tómate un tiempo para reflexionar sobre todas las dificultades que tuvieron que atravesar estos ingeniosos hermanos. ¿Qué actitud asumieron en cada situación? ¿Cuáles fueron las consecuencias de su determinación? Luego, escribe una lista de 10 obstáculos que se encuentren delante de ti y que amenacen la posibilidad de alcanzar tus sueños. Seguido, busca en oración la dirección de Dios para enfrentarlos con sabiduría y fortaleza.

Nunca permitas que alguien o alguna circunstancia empañen tus sueños. Si bien es cierto que no puedes controlar las acciones de otros, sí puedes decidir controlar tus acciones y tus pensamientos. Sé impermeable, que las críticas y el menosprecio no traspasen tu piel. Tú tienes un propósito divino que permitirá que contribuyas de manera única y creativa a este mundo. Dios trazó un destino extraordinario para ti, su Palabra dice que él sabe muy bien los planes que tiene para ti, planes de bienestar y no de calamidad, a fin de darte un futuro y una esperanza (léelo en Jeremías 29:11).

El aferrarte a Dios y depositar toda tu confianza en él es fundamental para sobrevolar por encima de las circunstancias. En alguna ocasión pudiste sentirte desalentado por alguien que juzgó tu apariencia sin conocerte en profundidad, o porque no consideraron tus sentimientos u opinión, e incluso tus habilidades. Pese a todo, lo asombroso de esto es que delante de Dios todo eso es una anécdota menor, que no afecta en nada todo lo que él preparó para ti, lo que piensa y cree de ti. Si otros no confían en ti, él sí lo hace. Si otros te malinterpretan, él conoce la intención de tu corazón, y sueña a tu lado. Si otros esperan tu fracaso, él divisa tu éxito, y extiende su mano para ayudarte a alcanzarlo.

¿QUÉ MARCÓ LA DIFERENCIA ENTRE LOS DEMÁS Y LOS HERMANOS WRIGHT?

Los hermanos Wright fueron conocidos por su dedicación y esmero, y a pesar de que en muchas ocasiones sus esfuerzos no eran reconocidos y eran blanco de críticas, se mantuvieron firmes, con el espíritu inquebrantable en busca del aquel sueño largamente acariciado. Finalmente, cuando lo consiguieron y alcanzaron fama y prestigio, se mantuvieron humildes, continuando sus labores como al principio de aquella magnífica travesía.

A esto tenemos que añadir que vencieron la escasez de referentes. A pesar de ello, buscaron comunicación con los que existían, decididamente transitaron y atravesaron el fangoso camino de los cuestionamientos infundados, las críticas desmedidas, la insuficiencia de recursos y la falta de apoyo. Pero nada los detuvo, tuvieron temple y no descansaron hasta llegar a lo que se habían propuesto.

Así como los hermanos Wright afrontaron situaciones que desgastaban sus motivaciones y sentimientos, existen elementos similares en tu vida que pretenden desalentarte, hasta que pierdas la determinación con la que empezaste a avanzar hacia las metas que te propusiste.

La falta de apoyo, la escasez de recursos, la falta de reconocimiento, las opiniones no solicitadas y las críticas, son ingredientes que ponen a prueba la legitimidad de tus sueños.

Por eso, no te dejes desanimar por tu situación actual y tu contexto, determínate a luchar contra los impedimentos, distracciones y oposiciones que encuentres en el camino y determínate a mantenerte firme en desarrollar al máximo tu potencial y alcanzar el propósito que Dios diseñó para ti.

«No dejes tu imaginación encerrada en tu taller de bicicletas, porque ahí no caben los aviones que tienes que diseñar».

PARA MANTENERTE FIRME, CONSTANTE Y ENFOCADO EN TUS SUEÑOS Y METAS:

•No te dejes absorber por las excusas.
•Rodéate de personas que te inspiren a crecer en tu propósito.
•Recauda información que te dé claridad para comprender el proceso que estás viviendo, y para identificar en qué etapa te encuentras.

• Considera los pasos a dar, y los tiempos para hacerlo en el momento correcto.

• Revisa tus metas, y si no las tienes desarrolla un plan de metas.

• Afronta los retos que tienes por delante y que te ayudarán a continuar en pos de tus sueños, sin desviarte de tu motivación inicial.

• Consigue materiales literarios, videos, audios y todo aquello que te motive e instruya acorde a tus decisiones y llamado.

• No descuides tu comunión con Dios.

• Utiliza siempre el mapa de ruta que tu Creador te dejó, y no olvides que cuentas con el poder sobrenatural del Espíritu Santo que te guiará hacia tu propósito.

«SÉ FIEL EN LO POCO Y DIOS PODRÁ CONFIARTE ALGO MÁS».

EL LEGADO DE LOS HEROES

CAPÍTULO V

<<MUCHOS ORAN POR UN MILAGRO. LOS HÉROES LUCHAN POR ELLOS>>.

K-19: THE WIDOWMAKER, 2002

NUESTRO TURNO

Brújulas. Mochilas. Botas. Linternas. Carpas. Gorras. Cantimploras. Guitarras y mucho entusiasmo. Estos eran algunos elementos infaltables para dos jóvenes que prestos salían de su pueblo rumbo a un día de prolongada caminata, para luego escalar una pequeña montaña con la idea de llegar hasta la cima e instalar su camping.

Y ahí estaban, al calor de una fogata, a la luz de la luna y con las estrellas como fieles compañeras, pasando una noche, cantando y disfrutando en medio de la naturaleza, en la paz y la tranquilidad de estar lejos del pueblo, algo que fue acariciado y planeado días atrás en el patio del colegio.

Luego de caminar por varias horas y subir cada peldaño de la montaña, por fin estaban en la cima tan anhelada. Rápidamente colocaron el camping, juntaron leña y prendieron la fogata, porque asomaba la noche y la temperatura comenzaba a descender.

Mientras uno seguía acomodando sus pertenencias, el otro se recostó en el césped para mirar la inmensa constelación de estrellas y suspiraba ante tal escenario natural. Pero luego de unos minutos de disfrutar la expansión de los cielos ese rostro de asombro comenzó a denotar cierta preocupación, que fue percibida por su amigo, quien sacó del estuche una rústica

guitarra y se dispuso a ejecutar los primeros acordes. Fue entonces cuando percibió que algo realmente preocupaba a su compañero de aventura y le preguntó: «¿Qué haces? ¿Ocurre algo?» Y su amigo con la vista al cielo, suspirando, le dijo: «Es que tengo ganas de hacerle una pregunta a Dios, pero no me animo».

Bajando su guitarra al suelo y prestando atención a lo que le comentaba su amigo, le respondió con cierto alivio: «¿Y qué quieres preguntarle?» Respirando profundo, dijo: «Quiero preguntarle por qué no cambia el mundo» Más aliviado y tomando nuevamente la guitarra en sus manos le dijo: «¿Y por qué no le preguntas?». Y su compañero, con cierto aire de preocupación y frus¬tración, le expresó:

«¡¡PORQUE TENGO MIEDO DE QUE ME PREGUNTE LO MISMO!!»

Posiblemente muchas cosas no han ocurrido en nuestras vidas y a nuestro alrededor, porque hemos estado esperando que Dios las haga por nosotros, cuando en realidad debemos tomar la iniciativa de, primeramente, cambiar nosotros mismos y luego contribuir a que este sea un mundo mejor. Dios está esperando que cambiemos nuestra postura conformista y pasiva, para que nos convirtamos en los principales protagonistas de plasmar aquellos sueños que él colocó en nosotros. Recuerda:

«DIOS NUNCA HARÁ REALIDAD LOS SUEÑOS DE AQUELLOS QUE NO ESTÉN DISPUESTOS A TRABAJAR PARA VERLOS REALIZADOS».

Aunque vivimos en un tiempo de escasez de referentes y tropezamos con el problema de la falta de modelos dignos de imitar, este es un desafío que a nosotros nos corresponde y lo debemos asumir.

Al contrario de lo que piensan muchos acerca de la postmodernidad, creo que esta nos brinda el escenario perfecto para demostrar en nuestras vidas que el evangelio va más allá de las palabras y los sermones.

A pesar de los riesgos y desafíos que implica vivir en un tiempo tan trascendental como el que estamos viviendo, la postmodernidad nos confronta con la necesidad de vivir y demostrar la verdad, más que como una idea que puede ser enseñada, como una «experiencia» encarnada en nuestra propia vida, la cual no puede ser refutada ni argumentada.

«HAY UN PODER VIVO EN TI QUE TIENES QUE COMUNICAR, PERO SI NO ESTÁ VIVO EN TI NO LO PUEDES HACER».

En tiempos en que el bien y el mal parecen ser relativos, en un momento de la historia en el cual parece que desaparecieron de escena las verdades absolutas, y en el cual estas se procesan no como un concepto intelectual, sino que se perciben a través de la expe-

riencia, viéndo las encarnadas en la vida de una persona, grupo o comunidad, esto representa una brillante
oportunidad para que la gente pueda ver y experimentar a Jesús no solo en nuestras palabras, sino también
a través de cómo vivimos nuestra vida.

FABRICANTES DE HÉROES

Un entusiasta grupo de turistas recorría la fron-
dosa selva africana. Entre charlas de caminata, fotos
y el disfrutar de la naturaleza en todo su esplendor, el
tiempo transcurría, mientras avanzaban en su recorrido internándose selva adentro.

Las horas pasaron rápidamente, casi sin que se
dieran cuenta, y al comenzar a caer la tarde, se per-
cataron de que la aventura se había puesto peligrosa,
al darse cuenta de que estaban sumidos entre follajes
tenebrosos y grandes matorrales.

El sonido de bestias salvajes se escuchaba por
doquier, la desesperación comenzaba a ahogar cualquier destello de esperanza de sobrevivir y los inútiles
intentos de encontrar posibles caminos de regreso a
casa comenzaban a parecer cada vez más infructuosos.

El guía que habían contratado para la expedi-
ción iba nervioso al frente, con su pequeño machete
luchando con plantas espinosas, matorrales y todo
tipo de animales que encontraba al paso. Los turistas,

hastiados y agobiados por la desesperanza que con el correr de los minutos los empezaba a invadir, increpaban al guía, muy enojados: «¿Está seguro de que sabe adónde vamos? ¿Tiene idea realmente de dónde nos encontramos? ¿Dónde está el sendero que nos llevará de vuelta a casa?»

El veterano guía, acostumbrado a este tipo de situaciones, se dio la vuelta, miró a los excursionistas fijamente y respondió: «Yo soy el sendero, confíen en mí, esperen conmigo y saldremos adelante».

De alguna manera este es el compromiso que tienes con tu generación: «Ser el sendero por el cual lleguen y conozcan a Dios». Que por medio tuyo el mundo encuentre su destino, en medio de esta selva plagada de anti-valores y pecado que enreda

<<YO SOY EL SENDERO, CONFIEN EN MI, ESPEREN CONMIGO Y SALDREMOS ADELANTE>>.

a las personas dejándolas perdidas en medio de la oscuridad y la desesperanza.

Luego de la resurrección y antes de subir a los cielos, Jesús nos dejó un mandamiento claro: que vayamos y hagamos «discípulos» a todas las naciones de la tierra. Pero, ¿cómo lo lograremos? ¿Qué está esperando el mundo de nosotros?

El mundo quisiera no simplemente escuchar nuestras palabras, sino ver a Jesús reflejado en nuestras vidas. No siempre nos lo expresarán así, pero en lo más profundo de sus corazones eso es lo que nos reclaman. Lo quieren ver en tu escuela, universidad, trabajo y familia. Piden a gritos que alguien les enseñe un modo diferente de vivir. Tus amigos te quieren oír hablar de Jesús. Ellos tienen hambre de la Palabra de Dios, y solo tú tienes el alcance para llegar a ellos. Háblales del amor de Dios, de cómo entregó a su único Hijo para darnos salvación; cuéntales que en él hay poder para perdonar los pecados, sanar y restaurar las vidas.

Piensa por unos instantes cuándo fue la última vez que hablaste de Jesús a tu familia, a tus amigos, profesores y compañeros. Pregúntate si han visto a través de tu vida una prueba viviente de que «de tal manera amó Dios al mundo que dio a su Hijo único para que todo aquel que en él crea, no se pierda, más tenga vida eterna». Recuerda que probablemente serás la única Biblia que muchos van a leer en toda su vida.

La iglesia primitiva era una comunidad que proporcionaba credibilidad total al mensaje que predicaba. Cualquiera podía acercarse y comprobar que el amor, la aceptación, el perdón, la bondad, la humildad, la generosidad, el servicio y la preocupación de los unos por los otros eran una realidad, no algo que sólo se conocía por sus palabras. Entre ellos había ricos y pobres, gentiles y judíos, esclavos y libres... quienes podían convivir juntos como resultado de experimentar el amor de Jesús en sus vidas. ¿Estás haciendo la diferencia? ¿Eres de influencia en tu comunidad?

Como protagonistas de este tiempo debemos ser relevantes en la cultura, como los de la iglesia primitiva del libro de los Hechos. Ellos predicaron a Jesús, formaron discípulos, impactaron su cultura, transformaron sus comunidades, revolucionaron el mundo con un estilo de vida radical tal como lo habían visto y aprendido de Jesús (Hechos 1:1, 17:6).

El desafío es que te involucres en la causa de Cristo, ya que nuestros grupos juveniles tienen el potencial de convertirse en «Fábricas de héroes», pues contamos con materia prima de primer nivel, elaborada por el Creador del universo, y el ingrediente indispensable que poseemos, el poder del Espíritu Santo. Mezclando estos ingredientes sobrenaturales, tienes la magnífica oportunidad de formar parte de una generación de jóvenes genuinos, y fundamentados en las bondades de las Escrituras, que con audacia llevarán respuestas espirituales a un mundo que necesita experimentar el amor incondicional de Dios desesperadamente.

UNA REFORMA, UNA REVOLUCIÓN DE VALORES, UN DESPERTAR ESPIRITUAL, NO LLEGAN POR SÍ SOLOS. NO PODEMOS ESTAR «ESPERANDO UN AVIVAMIENTO», PORQUE ESTOS NO LLEGAN PORQUE SÍ... ESTOS ¡¡¡SE

GENERAN!!!

Históricamente, quedó demostrado que para que empiecen las revoluciones, estas fueron gestadas y generadas primeramente en alguien que tuvo la carga y la visión de plasmarlas. Alguien tuvo que animarse a asumir los riesgos y desafíos de convertirse en protagonista, en ese momento específico de la historia en el cual vivía.

Hoy estamos en el umbral de uno de los movimientos juveniles más impresionantes y sin precedentes en la historia de Latinoamérica. Esto nos catapulta a lanzarnos al desafío de convertirnos en protagonistas de nuevas reformas y avivamientos en el mundo entero. Aunque provengamos de países conocidos como «subdesarrollados» y «del tercer mundo», tenemos identidad y conocemos nuestro verdadero origen y sabemos que no somos de este mundo y mucho menos del tercero. Y aunque nuestros países vivan zozobras en lo social, político y económico, eso importa poco y nada.

Finalmente, los héroes que han marcado la historia, salieron de distintos estratos sociales, de contextos variados, en algunos casos de verdaderas metrópolis y de las principales ciudades del mundo, y en otros casos de lugares muy remotos y desconocidos. Lo que los convirtió en héroes no fue de dónde salieron, sino lo que lograron y a dónde llegaron.

Inventa cosas nuevas, desarrolla tus talentos, estruja al máximo tu imaginación, busca nuevas oportunidades, piensa ideas ingeniosas, crea soluciones a los imposibles para otros, no bajes los brazos, descubre nuevos horizontes, sueña en grande, extiende tu mano, comparte con otros, aprende de los demás y nunca, nunca dejes de vivir y compartir el amor incondicional de Dios. Al fin y al cabo el legado que dejan los verdaderos héroes es ese aporte que continúa aun cuando ellos ya no están.

¿CUÁL SERÁ EL APORTE QUE DEJARÁS PARA LAS NUEVAS GENERACIONES? ¿QUÉ BENEFICIOS DISFRUTARÁN LOS QUE VIENEN DESPUÉS DE TI A CAUSA DE LA CONTRIBUCIÓN QUE HAS DEJADO COMO LEGADO?

UNA LUZ QUE NUNCA SE APAGA

Daniel siendo adolescente fue llevado cautivo a Babilonia, y pasó gran parte de su vida como consejero de sus captores, sirviendo a Dios, con mucha sabiduría y una inteligencia extraordinaria, con la cual Dios lo había dotado.

Al llegar al capítulo doce, ya Daniel no es un adolescente que está dando los primeros pasos en su carrera. A esta altura de su vida, es un curtido veterano, experimentado, que ha acompañado a cuatro reyes en sus reinados por largos años, siendo el más sobresaliente de todos los hombres de alto rango, en los cuatro reinos.

En una de las últimas partes del capítulo final del libro de Daniel, veterano y héroe de la fe, quedaron grabadas las siguientes palabras:

«Los sabios resplandecerán con el brillo de la bóveda celeste; los que instruyen a las multitudes en el camino de la justicia brillarán como las estrellas por toda la eternidad». Daniel 12:3

En otras palabras, nuestras vidas seguirán alumbrando este mundo aun cuando ya no estemos aquí, como estrellas eternas a los ojos de Dios, si somos sabios y enseñamos el camino de la justicia de Dios a las nuevas generaciones.

Las personas de este mundo le pertenecen a él, pero han perdido su camino. Tú y yo tenemos la heroica misión de buscarlos y guiarlos en el camino de Jesús. Así, ellos también buscarán a otros, para que conozcan y amen a Dios. Esta generación necesita a Jesús y nosotros necesitamos sabiduría para darlo a conocer (Lucas 19:10).

«HEMOS HECHO AL MENOS UN COMIENZO AL DESCUBRIR EL SIGNIFICADO DE LA VIDA HUMANA CUANDO PLANTAMOS ÁRBOLES QUE DEN SOMBRA, DEBAJO DE LOS CUALES SABEMOS A CIENCIA CIERTA QUE JAMÁS NOS LLEGAREMOS A SENTAR».
D. ELTON TRUEBLOOD

PAOLO LACOTA

HA TRABAJADO POR MÁS DE 15 AÑOS EN EL
LIDERAZGO DE ADOLESCENTES Y JÓVENES
Y ES EL DIRECTOR DE
ESPECIALIDADES JUVENILES EN PARAGUAY.
TIENE UNA GRAN PASIÓN POR AYUDAR A
ESTOS A DESARROLLAR SU POTENCIAL Y
HA COMPARTIDO CON MILES DE JÓVENES
EN DIFERENTES PARTES DE AMÉRICA
LATINA DONDE CONSTANTEMENTE ES
INVITADO A PARTICIPAR DE LOS MEJORES
EVENTOS JUVENILES Y DE ENTRENAMIENTO
PARA LÍDERES DE JÓVENES. PAOLO ESTÁ
CASADO CON LA HERMOSA KAREN Y TIENE
DOS BELLAS HIJAS LLAMADAS GIANNINA Y
MÍA PAULINA.

PAOLO LACOTA

SI TRABAJAS CON JÓVENES NUESTRO DESEO ES AYUDARTE

Especialidades Juveniles

UN MONTÓN DE RECURSOS PARA TU MINISTERIO JUVENIL

EL ROCKERO
Y LA MODELO

GIOVANNY OLAYA Y VANESSA GARZÓN

SOLO PARA ELLAS

EDITORA GENERAL: KRISTY MOTTA

CUANDO UNA
GENERACIÓN
TE ADORA

ROJO

Nos agradaría recibir noticias suyas.
Por favor, envíe sus comentarios
sobre este libro a la dirección
que aparece a continuación.
Muchas gracias.

vida@zondervan.com
www.editorialvida.com